秘蔵古写真

江戸

監修 日本カメラ博物館

山川出版社

CONTENTS

秘蔵古写真 江戸

「江戸・東京」について　谷野 啓 ⋯⋯⋯⋯⋯⋯⋯⋯⋯⋯⋯⋯⋯ 6

第1章　江戸城 ［皇城］ ⋯⋯⋯⋯⋯⋯⋯⋯⋯⋯⋯⋯⋯ 10

二重橋堀より本丸遠望・二の丸蓮池巽三重櫓・蓮池二重櫓と簞笥多聞がある坂下門・西の丸大手門と西の丸書院門・二の丸下乗橋と下乗門・三の丸桜田二重櫓（桜田巽櫓）・西の丸坂下門と本丸富士見三重櫓・本丸乾二重櫓と北桔橋門・三の丸大手門・本丸数寄屋二重櫓・西の丸書院門と伏見櫓・本丸上梅林門遠望・本丸北桔橋門内・本丸書院門（中雀門）跡周辺・本丸より中之門方面・本丸より大手門方面・本丸上梅林門付近より天神堀と二の丸方面・本丸中之門前の武士たち・蓮池巽三重櫓・西の丸の紅葉山下門と紅葉山・二の丸蓮池門と蓮池巽三重櫓・西の丸書院門・西の丸坂下門と本丸蓮池巽三重櫓・西の丸大手門・吹上御苑瀧見御茶屋・吹上御苑の庭方面より吹上門・吹上御苑の吊橋（釣橋）

第2章　麹町区 ⋯⋯⋯⋯⋯⋯⋯⋯⋯⋯⋯⋯⋯ 29

三の丸平川門から内曲輪の竹橋門・三の丸平川門・桜田門・桜田門遠望・半蔵門・憲兵本部付属舎・九段坂・常灯明台・田安門付近の牛ヶ淵から望む神田、大手町方面の眺め・靖国神社前の大灯籠・靖国神社本殿・大鳥居から常灯明台を望む・遊就館・近衛歩兵営・平川門と平川橋・文部省・大蔵省・内務省・陸軍軍馬局・紙幣局製造場・紙幣局製造場の門・常盤橋・道三橋・農商務省・東京鎮台　歩兵第一連隊第二大隊兵舎・東京上等裁判所・司法省・東京警視本署内務省警視局・大審院・消防隊の出初式・馬場先門・馬場先通り・東京鎮台輜重兵中隊・陸軍省・教導団軍楽隊と教導団工兵中隊・陸軍裁判所・東京裁判所・鹿鳴館・東京府庁・日比谷大神宮・元老院・太政官分局・近衛騎兵第一大隊兵舎・教導団歩兵営　第三大隊・外務省・外務省（新）・工部大学校校門・潮見坂・陸軍本病院・太政大臣三条実美邸・陸軍省（新）・参謀本部

第3章　神田区 ⋯⋯⋯⋯⋯⋯⋯⋯⋯⋯⋯⋯⋯ 49

昌平橋・昌平橋付近から駿河台方面の眺め・昌平坂・神田橋門・水道橋・万世橋・神田明神の随身門・神田明神の社殿・東京外国語学校・東京大学（法理文学部）と東京大学予備門・東京英語学校・文久橋か・東京十字架聖堂・学習院・大隈重信邸・大隈重信邸遠望

第4章　日本橋区 ⋯⋯⋯⋯⋯⋯⋯⋯⋯⋯⋯⋯⋯ 57

日本橋通り・呉服橋門と一石橋・呉服橋門の高麗門と櫓門・常盤橋門・呉服橋門・呉服橋付近より常盤橋方面の眺め・小林時計店の時計塔・日本橋と日本橋通り・資生堂薬舗と三井組・三井物産と三井組・日本橋と電信局・常盤橋遠景・一石橋・小網町の鎧河岸・河岸・江戸橋・江戸橋と荒布橋・第一国立銀行と海運橋・鎧橋と兜町米商会所・駅逓寮・茅場町の御旅所・報知新聞社・兜町米商会所（東京株式取引所）・蠣殻町米商会所・蠣殻町米商会所遠望・水天宮・辻馬車・久松座・大丸呉服店支店・浅草橋（石橋）・浅草橋（鉄橋）・両国橋と元柳橋付近の渡船場・両国橋と貝拾い・両国橋と船宿・柳橋と両国橋・柳橋・両国橋と第三永島丸・新大橋・箱崎町の旧土佐藩主山内邸と永代橋・永代橋・永代橋と豊海橋・豊海橋と北海道開拓使物産売捌所（日本銀行）・北海道開拓使物産売捌所（日本銀行）・三菱商船学校渡船場と永代橋・日本橋魚河岸・三菱商船学校渡船場と廻旋橋・越前堀町と隅田川

第 5 章　京橋区 81

鍛冶橋と鍛冶橋門・鍛冶橋門・数寄屋橋門・京橋から眺める小林時計店の時計塔・読売新聞　日就社・大倉組前のアーク灯・銀座4丁目と京屋時計店・東京絵入新聞　両文社・京橋と警視第一方面第三署・京橋と日本橋方面の街並み・凰月堂・東京曙新聞と朝野新聞、朝野新聞・日報社・日報社正面・共同社・西洋服裁縫店・新橋と南金六町・尾張町2丁目から京橋方面を望む・新橋から煉瓦街の眺め・蓬萊橋と蓬萊社・三十間堀と出雲橋・木挽町10丁目の電信中央局・木挽町8丁目の電信局・采女橋と采女町の精養軒・精養軒・訓盲院・明治会堂・采女橋から見る再建中の築地本願寺・堺橋と築地本願寺遠望・海軍兵学寮（海軍兵学校）・教官と生徒の記念撮影・築地ホテル館・築地のフランスパンのチャリ舎か・新湊橋とアメリカ公使館・カトリック築地教会・築地居留地・尾張橋と海軍省・湊河岸から亀島川と京橋川の河口の眺め・弁才船・河口の弁才船・石川島と石川島灯台・石川島と石川島灯台遠望・髙橋・新富座

第 6 章　芝　区 101

愛宕山の男坂と女坂・愛宕神社境内の表忠碑・愛宕山からの眺め・愛宕山から増上寺方面・愛宕神社の拝殿・愛宕山から愛宕下方面の眺め・愛宕山から赤坂方面の眺め・愛宕山から琴平町方面の眺め・御成門・増上寺本堂・増上寺の山門、三解脱門・大門より三解脱門の眺め・東照宮安国殿と鳥居・有章院の宝塔か・黒本尊堂・台徳院霊廟の第一の門・崇源院霊牌所・増上寺文昭院霊廟の勅額門・文昭院霊廟の仕切門・文昭院霊廟の奥院唐門・文昭院霊廟の二天門・増上寺　龍柱門（御霊屋門）・増上寺　龍柱門・増上寺　霊廟門・増上寺　霊廟入口・増上寺　龍柱門・増上寺　龍柱門（御霊屋門）・増上寺　安国殿の鷹門・芝大神宮（焼失前）・再建された芝大神宮・紅葉館・紅葉館・便殿・泉岳寺山門・瑤泉院・新橋の商家・品川・品川駅の跨線橋とホーム・品川駅より横浜方面の眺め・品川駅より新橋方面の眺め・高輪より台場の眺め・東京府病院・元神明宮（天祖神社）・工部省赤羽工作分局・勧農局三田育種場か・旧有馬邸の火の見櫓・東京府瓦斯局・東京府瓦斯局と工場・浜離宮　大手門と大手橋（南門橋）・浜離宮　大手門内・浜離宮　延遼館・浜離宮　庭園・新橋駅付近

第 7 章　麻布区 123

麻布永坂の信州更科蕎麦処　布屋太兵衛・麻布一本松の眺め・麻布氷川神社

第 8 章　赤坂区 127

赤坂門・虎ノ門・溜池から虎ノ門方面に流れる堰・江戸見坂から虎ノ門方面の眺め・江戸見坂・豊川稲荷社・溜池葵町にあった工部省・工部省構内の建物・工部省正門・紀伊国坂沿いの太政官東門・太政官構内から見た門・喰違見附方面から見た太政官の門・仮皇居の門・東京鎮台歩兵第一連隊の門と兵舎・東京鎮台歩兵第一連隊の門と連隊本部

第 9 章　牛込区・四谷区 137

牛込門・江戸川（神田川）に架かる船河原橋付近からの眺め・陸軍士官学校・市谷八幡神社（亀岡八幡）・築土神社と筑土八幡神社・築土神社（津久戸明神社）・赤城神社・筋違橋門

CONTENTS

秘蔵古写真 江戸

第10章　小石川区 ……………………………………………………… 145

小石川門と小石川橋・小石川橋と砲兵工廠・水道橋から水戸藩徳川家の上屋敷を望む・水道橋から砲兵工廠を望む・歩兵が立つ砲兵工廠正門・砲兵工廠の正門・小石川橋と銃器倉庫・護国寺の本堂・護国寺の石段・護国寺の仁王門・伝通院　山門と本堂・伝通院　福聚殿・牛天神社

第11章　本郷区 ……………………………………………………… 153

神田上水の掛樋・順天堂付近から見る神田上水の掛樋・水道橋と神田上水の掛樋・金刀比羅神社・湯島聖堂　仰高門・湯島聖堂　仰高門正面・東京師範学校・冠木門が残る東京師範学校・東京女子師範学校・東京女子師範学校附属幼稚園・順天堂医院・妻恋神社か・湯島天神社　男坂上の鳥居・湯島天神社　表鳥居・湯島天神社　表鳥居と拝殿・湯島天神社　東京大学医学部の門・東京大学医学部・東京大学法文学部全景・東京大学法文学部・根津神社　拝殿・根津遊郭

第12章　下谷区 ……………………………………………………… 165

不忍池の弁天堂・上野の茶店　韻松亭・上野東照宮・上野東照宮の唐門と本社・上野東照宮境内・上野東照宮鳥居・上野東照宮の大灯籠・不忍池より見る上野東照宮・上野東照宮の鳥居と不忍池の弁天島・不忍池の弁天堂・茶屋より弁天堂の眺め・不忍池の畔　上野元黒門町付近か・茶屋　上野元黒門町の氷月亭か・弁天島の茶屋からの眺め・龍門橋・沼川と不忍池に架けられた橋・不忍池の競馬場の馬見所・建設中の不忍池競馬場・馬場での調教風景・時の鐘と大仏殿・時の鐘遠望・時の鐘・上野公園内・石垣の前での果物売り・彰義隊の墓・上野公園内に造られたブランコ・清水観音堂・清水観音堂前の休息所・露座となった上野大仏・茶屋と大仏殿・2階建ての休息所遠望・2階建ての休息所と時の鐘・馬車が待つ上野精養軒・上野精養軒・上野精養軒と不忍池・上野動物園の観覧客・上野動物園内・第2回内国勧業博覧会本館・第2回内国勧業博覧会本館入口・上野の博物館全景・上野の博物館正面・博物館の玄関前・教育博物館・寛永寺の霊廟・寛永寺の霊廟正面・寛永寺の一之御霊屋の二天門・寛永寺霊廟の門・両大師（輪王寺）・両大師の山門・上野駅開業式・開業式の門・上野公園より見る上野広小路・上野山下にあった雁鍋・賑わいを見せた雁鍋

第13章　浅草区 ……………………………………………………… 187

浅草橋門・浅草寺の本堂・浅草寺の仁王門・仁王門の楼上より本堂の眺め・仲見世通りから仁王門と五重塔・浅草寺境内・五重塔と二尊仏・浅草寺の二尊仏・浅草神社・浅草寺の本堂内部・浅草奥山花屋敷・浅草本願寺・待乳山聖天と山谷堀に架かる今戸橋・向島から望む待乳山聖天・待乳山聖天社・待乳山聖天社遠望・待乳山聖天社から見下ろす有明楼・有明楼と隅田川・新吉原の大門・仲之町通りの引手茶屋の眺め・引手茶屋の提灯が並ぶ眺め・京町1丁目の角海老楼・江戸町1丁目の大文字楼・江戸町1丁目の尾彦楼・尾彦楼か・江戸町2丁目か・揚屋町の品川楼・京町2丁目・角町の稲本楼・吾妻橋から眺める浅草の眺め・東京職工学校・安立山長遠寺・本所河岸からの吾妻橋の眺め・浅草橋からの浅草方面の眺め・首尾の松より眺める両国橋・吾妻橋　本所側から浅草方面の眺め・厩橋から浅草方面の眺め・厩橋　浅草方面を望む・西鳥越町の猿若座・西鳥越町の猿若座・浅草の興行街

第14章　本所区・深川区 ……………………………………………… 203

旧久保田藩主佐竹邸とその庭園・佐竹邸の庭園・庭園にたたずむ女性・法性寺の妙見堂・法性寺の妙見堂と影向松・橋本楼と柳島橋・亀戸天神社の藤・男橋（太鼓橋）を通る参拝客・亀戸天神社　男橋から女橋、敷門・亀戸天神社本社・亀戸天神社の総門と男橋・亀戸天神社の境内・草が生い茂る五百

　羅漢寺の本殿・亀戸梅屋敷　清香庵の入口・梅園・植木屋・両国回向院・両国回向院本堂・料亭中村楼・竪川橋より二つ目橋の眺めか・百本杭にたむろする人びと・富士見の渡しより厩橋を遠望・富士見の渡しより御蔵橋を遠望・御蔵橋より厩橋の眺め・深川神明社・御船蔵・霊厳洲の山門・霊厳寺の江戸六地蔵・小名木川河口に架かる万年橋付近より新大橋の眺め・永代橋　深川区佐賀方面の眺め・永代橋　日本橋区方面の眺め・深川不動尊・恵比寿宮・洲崎神社（洲崎弁天社）・洲崎弁天社の仏像と稲荷の祠・洲崎弁天社の仏像・洲崎海岸か・富岡八幡宮の「二組」と刻まれた二の鳥居と表門・富岡八幡宮の拝殿と拝殿前の大鳥居

第15章　荏原郡 221

　目黒不動　金剛力士像が安置された仁王門・目黒不動　大本堂・目黒不動の門前町・目黒川に架かる品川橋か・祐天寺　本堂・荏原神社・品川硝子製作所・鮫川の海岸・鈴ヶ森刑場の供養塔・池上本門寺　総門・池上本門寺　仁王門・池上本門寺　大堂・池上本門寺　五重塔・佐内橋より川崎宿の旅籠万年屋の眺め・六郷川橋梁

第16章　東多摩郡 227

　堀之内妙法寺　仁王門・堀之内妙法寺　仁王門と祖師堂・堀之内妙法寺　祖師堂・堀之内妙法寺　祖師堂と鐘楼・堀之内妙法寺　鉄門・新井薬師　梅照院・新井薬師　梅照院の参道

第17章　北豊島郡 231

　音無川の大堰前での水遊び・音無川より料亭扇屋の眺め・音無川の松橋弁財天付近の茶屋・料亭扇屋の入口・飛鳥山より製紙工場の眺め・飛鳥山より王子市中と製紙会社の眺め・停車中の蒸気機関車・王子停車場か・王子権現社　本社・雑司ヶ谷　鬼子母神堂・法明寺　仁王門・谷中　天王寺の五重塔・日暮里・谷中　大円寺の瘡守稲荷

第18章　南足立郡 239

　千住大橋・橋場の渡し・西新井大師　山門・西新井大師　本堂・真崎稲荷神社と石浜神社の鳥居・総寧寺か・釈迦如来（大仏）・江戸川の眺め

第19章　南葛飾郡 243

　隅田川を背に枕橋と左に割烹料理屋「八百松」、右に枕橋の渡し・枕橋の渡しより見た浅草寺五重塔・割烹料理屋「八百松」・山谷堀の舟宿「竹屋」前付近より三囲神社の大鳥居を眺める竹屋の渡し・枕橋と「八百松」・墨堤より三囲神社の大鳥居と参道・墨堤下の三囲神社の大鳥居側面・常夜灯と人力車・「有明楼」付近より向島の眺め・牛嶋神社　拝殿・隅田川より牛嶋神社付近墨堤・長命寺　本堂・言問団子の言問亭・長命寺付近の寿司屋の屋台・小梅曳舟通・長命寺より隅田川の眺め・墨堤より「中の植半」の眺め・百花園の門・水神社（隅田川神社）・水神社（隅田川神社）の眺め・白鬚神社の鳥居と拝殿・梅若神社の鳥居と拝殿・梅若神社の境内・綾瀬川河口「鐘ヶ淵」の眺め・堀切の花菖蒲田・堀切の菖蒲園・秋葉神社の境内

●日本カメラ財団小史

明治150年を記念して　田村昌彦 252

「江戸・東京」について

谷野　啓（一般財団法人　日本カメラ財団　常務理事）

　今回の『秘蔵古写真　江戸』は、幕末・明治初期の代表的写真師である下岡蓮杖、横山松三郎、内田九一、フェリーチェ・ベアト、スティルフリードなどの作品を収録するとともに、日本カメラ博物館所蔵の２冊の貴重なアルバムの写真から、幕末の「江戸」と、草創期の「東京」の風景を紹介します。

　１冊目の『大日本東京寫眞名所一覧表』は「第一編之上」「第一編之中」と記された２分冊からなり、風景・建物を主とした鶏卵紙に焼付られた約 900 枚の古写真が貼付されております。

　１頁に、名刺判で８枚貼付されていますが、なかには、六つ切やキャビネ判も貼付されていて、内田九一や横山松三郎が撮影したものも入っています。

　アルバムの構成は写真撮影地が、明治期の東京の行政区画であった「15 区と６郡」を基に「皇城之部」から始まっています。

『大日本東京寫眞名所一覧表』（原本）
判型：縦 36cm×横 28cm

江戸から東京に、すなわち幕末から明治にかけての風景や建物の写真を見ることで、明治維新の文明開化による近代化に向けた様子が分かる史料的価値の高いアルバムです。このアルバムは２００７年に写真史家小沢健志氏から寄贈されたものです。
　もう一つのアルバムは、海外から里帰りしたアルバムです。
　東京にイタリア公使館が開設されたのは1867年（慶応3）で、3代目の全権公使として1877年（明治10）に派遣されたのはアブルッツオ出身のバルボラーニ伯爵でした。
　このバルボラーニ伯爵が4年間の任期を終え1881年イタリアに帰国した際に日本土産として持ち帰った沢山の品物の中から見つかった写真アルバムが『大日本全国名所一覧寫眞帖』です。
　このアルバムを発見したのは、現在ペスカーラに在住のマリサ・ディ・ルッソ

『大日本全国名所一覧寫眞帖』（原本）
判型：縦34㎝×横26.5㎝

フェリーチェ・ベアトが撮った幕末の日本人

露店

火消し

井戸水を汲む娘

傘をさす女

荷馬車で荷物を運ぶ男たち

役人と茶屋の娘

　さんでした。彼女は日本に数年滞在したことがあり、日本の文化にも詳しく日本語が堪能な女性でした。アルバムの背表紙には英語で「PHOTOGRAPHIC ALBUM COLLECTION OF JAPAN VIEWS」と書いてあり、もう一つ日本語で「大日本全国名所一覧写眞帖」と記載されております。アルバムには、1268枚の写真が鶏卵紙焼付で前記アルバム同様1頁に名刺判写真が8枚貼付されています。アルバムの最初の数ページには、キャビネや八つ切の写真も少しあります。

　写真はすべて場所が手書きで記してあり、地方、都市、地区ごとにきちんと整理され、町や村、道路や橋、川、滝、山、寺社、商店、公共建築物、私邸、家並みなどが撮影されていますが、都市ばかりでなく小笠原諸島や北海道、琉球など日本列島の北から南に至るまで写されていました。そして、このアルバムも明治維新直後の近代国家に向けて急速に変貌を遂げつつある日本の姿を残した貴重なものです。

　このアルバムが何故貴重なのかというと、バルボラーニ伯爵が帰国の際に持ち帰ったという事実です。アルバムに貼付されている写真は一部を除き撮影時期まではっきり分かりません。しかし、帰国した年が1881年（明治14）ということは、それ以前に撮影されたという重要な決め手となります。そのことから、このアルバ

馬に乗った侍

裃姿の役人

琴と三味線の稽古

床屋

化粧する女

武士三人

ムは1860年代後半から1879年の間に撮られた写真で構成されていることが判明したわけです。

　古写真はスタジオ撮影の一部を除き撮影者や撮影場所、撮影時期など不明な作品が多いものです。古写真が史料となるのは、撮影者、場所、撮影時期を把握することが重要です。どこかわからない風景や撮影時期が不明ですと史料価値は半減してしまいます。しかし、この1268枚の写真の撮影時期がわかったということは同じ場所を撮った写真が発見された時に、1880年以前の写真かそれ以降の写真かを判断する基準となる重要なポイントとなります。

　私はペスカーラに住むマリサさんを訪ねこのアルバムを受け取った時の興奮を今でも忘れられません。日本に里帰りをしていろいろな切り口で写真展を開催し、多くの人に見ていただいております。

　今回は日本全国1268枚の写真の中から東京の部の1部を選び掲載しました。バルボラーニ伯爵のアルバムは約150年後の現在、我々にとって当時の様子を知ることができる第一級の史料であります。今後も日本カメラ博物館の収蔵する貴重な写真を広く公開できるように努めていきたいと思います。

第1章

江戸城 [皇城]

　第1章は、幕末から明治にかけて残存していた江戸城各所の風景を紹介する。今回紹介する明治4年（1871）に横山松三郎によって撮影された江戸城の写真は、荒廃が進んだ城門や櫓などを取り壊す前に、今まであったその姿を後世に伝えたいと撮影されたものである。

　幕末の江戸城は、文久3年（1863）に本丸御殿、慶応3年（1867）には二の丸御殿が火災に遭い焼失する。そして、開国後の混乱と大政奉還、王政復古の大号令の末に起こった戊辰戦争で、本丸御殿や二の丸御殿は再建されることなく新政府へ明け渡しとなった。慶応4年7月、江戸は東京とされ同年9月に元号が明治になると、その翌月に江戸城は東京城と改称される。翌年に東京奠都が行われ、明治天皇が京都御所より東京城西の丸へ移ると、今度は東京城が皇城とされた。

　その頃には、西の丸以外は修築や整備がほとんどされなくなり、明治3年には荒廃の一途をたどっていたようだ。番人のいなくなった城門には、浮浪者が住みつくほどだったという。明治4年3月に撮影されたこれらの写真には、屋根の瓦が崩れ壁が剝がれ落ちた城門や櫓が写されている。これが天下を支配した名城の成れの果ての姿である。それでも、考え抜かれた精巧な造りの城門や櫓などを見ると、かつては栄え、壮大で優美な日本一の城であったことを実感させる。

　この撮影に至る経緯は、当時、太政官小史を務めた蜷川式胤が、江戸城が取り壊され姿を変えてしまう前に記録に残し後世に伝えようと、太政官へ写真撮影の許可願を提出したことから始まる。撮影が始まる頃より北の丸の田安門内と清水門内では兵営の建設が着工され、半蔵門にある櫓門の撤去を開始した。撮影後から明治6年までに、各番所や柵門を含む外郭門21門、半蔵門の櫓門、蓮池門内の蓮池二重櫓と箪笥多聞、蓮池巽三重櫓、本丸内の建物などがその姿を消した。

　なお、第1章には、横山松三郎をはじめとする幕末から明治にかけて活躍した写真師の下岡蓮杖、内田九一、フェリーチェ・ベアト、スティルフリードの写真も紹介している。

江戸城

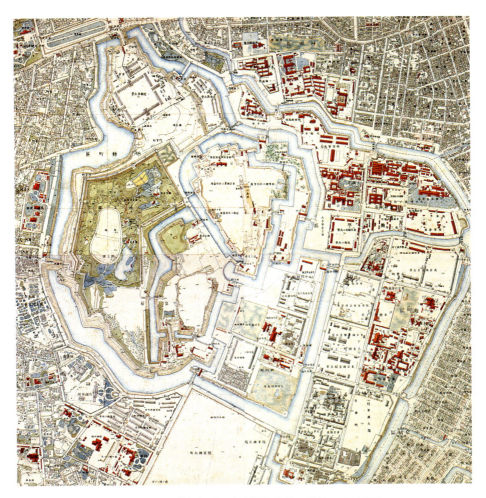

参謀本部陸軍部測量局「五千分一東京図」
(国土地理院蔵)

　この地図は、参謀本部陸軍部測量局によって、明治9年（1876）に測量を開始し、明治17年に完了した多彩色で作成されたものである。地図の縮尺は5千分の1で、江戸城・皇居はもちろん、官庁街や邸や庭池の形も含め明治前期の東京の街が精密に表現されており、わが国近代地図の最高傑作と言われている。

| 江戸城 |

二重橋堀より本丸遠望

撮影者：不詳
撮影年：明治6年～明治14年
　　　　（1873～1881）
画　像：鶏卵紙に手彩色
　　　　209×268mm

　写真は二重橋堀内の高塁上から北方を眺めた景。左端の土塁や石垣や前面の水堀は、西の丸方面の水堀。中央遠方の三重櫓は本丸の富士見三重櫓。その下方の城門は坂下門。図中右端遠方の城門は和田倉門、その左方の二重櫓は桜田二重櫓。坂下門にある櫓門の屋根の右側に見える石垣上にあった箪笥多聞と蓮池巽三重櫓が見えないが、明治6年（1873）箪笥多聞に貯蔵した砲弾火薬が爆発炎上して焼失したためである。

江戸城

二の丸蓮池巽三重櫓

撮影者：フェリーチェ・ベアト
撮影年：文久3年～明治2年
(1863～1869)
画　像：鶏卵紙　231×289mm

　江戸城の坂下門前付近からの眺め。左手前から蓮池巽三重櫓、玉葉多聞、右に張り出して弓矢多聞、寺沢二重櫓、下乗門枡形の多聞、さらに張り出して巽奥三重櫓（遠方の三重櫓）と続く。明治3年(1870)の火災で惜しくも焼失した。

蓮池二重櫓と箪笥多聞がある坂下門
撮影者：下岡蓮杖
撮影年：明治4年（1871）
画　像：鶏卵紙　183×215mm

江戸城

　スティルフリードのアルバムより。写真左に坂下門の外枡形を形成する高麗門、15間×4間の櫓門。坂下門の右に蓮池二重櫓とそれに連なる箪笥多聞櫓。蓮池二重櫓の左奥には数寄屋二重櫓、右端遠方には富士見三重櫓の三階部分が見える。

西の丸大手門(左)と西の丸書院門(右)
撮影者:フェリーチェ・ベアト
撮影年:文久3年〜明治2年(1863〜1869)
画　像:鶏卵紙　202×286mm

江戸城

　西の丸へ入るには、手前の西の丸大手橋を左に渡り、高麗門、櫓門を通り、奥に見える二重橋を右へ渡り、西の丸書院門へ進む。西の丸大手門の外枡形を形成する高麗門、18間×4間の櫓門と西の丸書院門の22間×4間の櫓門は江戸城でも最大級の櫓門である。西の丸書院門の櫓門は、明治5年（1872）に取り壊された。二重橋の奥には伏見二重櫓が見える。

二の丸下乗橋と下乗門
撮影者：横山松三郎　撮影年：明治4年（1871）　画　像：鶏卵紙　55×86mm
　高麗門を入って左が24間×4間の櫓門。右端手前は番所。下乗橋が架かる堀は今はない。

三の丸桜田二重櫓（桜田巽櫓）
撮影者：不詳　撮影年：明治4年～明治10年（1871～1877）画　像：鶏卵紙　54×84mm
　『大日本東京寫眞名所一覧表』より。城郭の辰と巳の方角、東南に位置することから桜田巽櫓（たつみやぐら）とも呼ばれた桜田二重櫓。櫓は、関東大震災で大破し、昭和2年（1927）にコンクリート造りで再建され、今に残る。

江戸城

西の丸坂下門と本丸富士見三重櫓
撮影者：不詳　撮影年：明治6年〜明治10年（1873〜1877）　画像：鶏卵紙　94×137mm

『大日本東京寫眞名所一覧表』より。中央に見える坂下門の高麗門は、皇居造営の際に取り払われ、その後、左に見える櫓門が90度移築され正面に出た。右後方に見える富士見三重櫓は、明暦の大火（1657年）で江戸城が焼け落ちた後、天守の代わりとして使われたという。明治11年（1878）に、荒廃した富士見三重櫓の修理が行われたが、この写真ではかなり傷んでいるようで、屋根の上には、見晴台のようなものが建てられている。

本丸乾二重櫓と北桔橋門
撮影者：内田九一
撮影年：明治4年〜明治6年
　　　（1871〜1873）
画　像：鶏卵紙　208×267mm

　本丸乾二重櫓の左方奥は北桔橋門。手前は三日月堀。北桔橋門は天守の一番近くに位置して、本丸の北から外部に通じる門で、重要地点にあるため、堀を深くして石垣は最も堅固雄大にしてある。

三の丸大手門

撮影者：内田九一　撮影年：明治4年〜明治6年（1871〜1873）　画　像：鶏卵紙　208×266mm

　三の丸大手橋から平川門方面の眺めである。左に三の丸大手門の外枡形を形成する高麗門、22間×4間の櫓門。江戸城でも最大級の櫓門である。写真右端遠方に写る下部が黒い長屋は、平将門の首塚で有名な旧姫路藩酒井雅楽守の屋敷の一部だろうか。その敷地には廃藩置県後、大蔵省の庁舎が置かれ、明治7年（1874）に内務省と合同の新庁舎が建てられる。大手門前の内堀通りは歩きにくそうだ。

本丸数寄屋二重櫓

撮影者：横山松三郎
撮影年：明治4年（1871）
画　像：鶏卵紙　54×86mm

　右が数寄屋二重櫓。左のちた屋根が富士見宝蔵へ入る埋門。

江戸城

西の丸書院門と伏見櫓
撮影者：内田九一　撮影年：明治4年～明治6年（1871～1873）　画像：鶏卵紙　205×265mm

　写真右端に見えるのが、西の丸下乗橋（二重橋）と書院門である。左の石垣の角は伏見櫓。蜷川や横山が撮影した写真には、西の丸大手門の櫓門付近より伏見櫓方面を撮影したものがある。その写真の伏見櫓は、修理中なのか櫓右側に足場が見えるが、この写真にはないようだ。日差しもあってか漆喰の壁が真新しく見える。

本丸上梅林門遠望
撮影者：横山松三郎
撮影年：明治4年（1871）
画像：鶏卵紙　53×85mm

　左は潮見太鼓櫓があった石垣。中央上に上梅林門と下に二の丸喰違門。右手前は番所。

本丸北桔橋門内
画 像：鶏卵紙 53×85mm
　左が北桔橋門の櫓門。右は斜めに架けた2本の水道の木樋がかかる岩岐多聞。

> ＊24～25頁の写真は
> 撮影者：不詳
> 出　典：『大日本東京寫眞名所一覧表』より。

本丸書院門（中雀門）跡周辺
画 像：鶏卵紙 54×86mm
　写真右から本丸書院二重櫓、続多聞櫓の一部、書院出櫓。書院門の櫓門部分はすでに撤去されている。本丸書院二重櫓の右方に西の丸に通じる上埋門がある。

本丸より中之門方面
画 像：鶏卵紙 53×86mm
　右手前の石垣台が多聞跡。左の櫓門が中の門。その遠方に桜田二重櫓。右は寺沢二重櫓。

本丸より大手門方面
画 像：鶏卵紙 54×86mm
　中央が百人二重櫓。左下の枝のない木の奥が百人番所。その上が屏風槍入れの多聞。

江戸城

本丸上梅林門付近より天神堀と二の丸方面
画　像：鶏卵紙　54×85mm
　中央の2棟が二の丸北多聞。左には三の丸を繋ぐ天神橋。その右遠方に東三重櫓。

本丸中之門前の武士たち
画　像：鶏卵紙　53×85mm
　右に13間×4間の本丸中之門。大手門を抜け、本丸に入るにはこの中之門を通らなければならない。門前には警備する武士たちか。写真右手前の軍装姿（5人のうち3人）の武士は左袖に付けられた合印から、肥後熊本藩の兵士であることがわかる。

蓮池巽三重櫓
画　像：鶏卵紙　54×85mm
　本丸から見た蓮池巽三重櫓の景。左が玉葉多聞。その上が供待所。蓮池巽三重櫓の向こうは現在の皇居前広場。

西の丸の紅葉山下門と紅葉山
画　像：鶏卵紙　54×85mm
　14間×4間の大型の門。左は日光門跡御休息所。奥にあった東照宮は明治2年（1869）に撤去。

二の丸蓮池門と蓮池巽三重櫓
画　像：鶏卵紙　53×86mm
　中央右が蓮池門。左後方が蓮池巽三重櫓。左の石垣の上の屋根は番所。手前は蓮池堀。

＊26〜27頁の写真は
撮影者：不詳
出　典：『大日本東京寫眞名所
　　　　一覧表』より。

西の丸書院門
画　像：鶏卵紙　55×86mm
　左に二重橋（西の丸下乗橋）、その上に多聞。左端に足場が組まれた伏見櫓。書院門の枡形を形成する高麗門はすでに撤去されていて、22間×4間という江戸城でも最大級の櫓門（書院門）が建つ。

江戸城

西の丸坂下門と本丸蓮池巽三重櫓
画　像：鶏卵紙　54×86mm
　左は箪笥多聞。その右が蓮池巽三重櫓。その右遠方に和田倉門の櫓門。

西の丸大手門
画　像：鶏卵紙　53×85mm
　西の丸大手門橋の右に番所。その上遠方に中仕切門と左に供待所の屋根。

吹上御苑瀧見御茶屋
撮影者：スティルフリード　撮影年：明治9年頃（c1876）　画像：鶏卵紙　192×240mm
　外国人が居留地以外の東京で雑居することは、明治8年（1875）に許された。
吹上御苑には4つの茶屋があり、写真はそのうちのひとつ瀧見御茶屋である。

吹上御苑の庭方面より吹上門
撮影者：横山松三郎
撮影年：明治4年〜明治6年
　　　　（1871〜1873）
画像：鶏卵紙　53×85mm
　『大日本全国名所一覧寫眞帖』より。中央に吹上門の高麗門。その左奥にうっすらと櫓門。

吹上御苑の吊橋（釣橋）
撮影者：不詳
撮影年：不詳
画像：鶏卵紙　54×85mm
　『大日本全国名所一覧寫眞帖』より。明治3年（1870）、吹上御苑に橋長73mの日本最初の鉄製吊橋が架けられた。この鉄製吊橋は、両岸に石と煉瓦でつくられた塔をもち、主ケーブルは練鉄製のワイヤを平行に束ねたものであった。明治初期における最大の規模であったという。

麹町区

第 2 章
麹町区

　明治11年（1878）に区画された麹町区は、皇城を中心に江戸城の外堀内に区切られた。明治２年には、多くの政府機関がこの麹町区に移り、また新設された。この地域は有力大名の上屋敷や旗本屋敷が多かったが、これら屋敷跡は大名や旗本から取り上げられ、そのまま官庁に充てたり、明治政府が目指す近代国家をつくるため、外国の設計士を雇い入れて、次第に西洋建築に建て直されたりした。陸軍に関する施設も皇城を取り巻くように置かれた。

三の丸平川門（左）から内曲輪の竹橋門（右）
撮影者：下岡蓮杖
撮影年：明治4年（1871）
画　像：鶏卵紙　平川門（左）／199×240mm　竹橋門（右）／201×243mm（2枚合成のため）

　『臼井秀三郎写真帖』より。春日局が門限に遅れて一夜を明かしたとされる平川門の高麗門を抜けると左側に19間×4間の櫓門、そして、その右側には死者や罪人を城内から出した不浄門と呼ばれる帯郭門（高麗門）が見える。帯郭門に入り右に曲がると竹橋門方向に通じる帯曲輪と呼ばれる細い土手の石垣が続き、その先に竹橋門の高麗門と19間×4間の櫓門、そして竹橋御蔵を囲う白く長い多聞が続く。

三の丸平川門（右下写真）
撮影者：内田九一
撮影年：明治5年～明治6年（1872～1873）
画　像：鶏卵紙　207×265mm

　手前の橋が平川橋で、そこを渡ると平川門の高麗門、その奥左に櫓門がある。その遠方に見える竹橋門の高麗門はすでにない。明治5年（1872）2月に近衛条例が制定され天皇に直隷する近衛都督の下、壮兵からなる近衛兵が創設された。明治7年には竹橋門内に近衛砲兵の兵営が設置されたという。

麹町区

桜田門
撮影者：不詳　撮影年：明治4年頃～明治20年頃（c1871～c1887）　画　像：鶏卵紙　54×86mm

　『大日本東京寫眞名所一覧表』より。内曲輪にある城門で、高麗門と19間×4間の巨大櫓からなる枡形門である。幕末に井伊直弼が暗殺された桜田門外の変で有名である。

桜田門遠望
撮影者：内田九一　撮影年：明治4年～明治6年（1871～1873）　画　像：鶏卵紙　208×265mm

　現在の日本水準原点標庫付近の内堀通りよりみた、桜田門の眺めである。右端の黒い塀が続く所は、広島藩浅野家の上屋敷があった場所で、明治政府に接収された後は教導団砲兵営が置かれた。現在の警視庁がある場所である。

麹町区

半蔵門
画 像：鶏卵紙 54×85mm

半蔵門は、吹上御苑の西門で甲州街道の起点にあたる。枡形の櫓門は明治4年（1871）に撤去され、高麗門のみがある。

＊33頁の「憲兵本部付属舎」以外の写真は
撮影者：不詳
撮影年：明治4年頃～明治20年頃
　　　（c1871～c1887）
出　典：『大日本東京寫眞名所一覧表』より。

憲兵本部付属舎
撮影年：明治14年頃～明治20年頃
　　　（c1881～c1887）
画 像：鶏卵紙 50×83mm

憲兵本部付属舎は、明治14年（1881）に馬場先通りの監軍本部の東隣に置かれた。陸軍の管轄で、軍の目付け役、軍事警察である。憲兵は最初、近衛兵から選抜された。

九段坂
画 像：鶏卵紙 52×83mm

写真は、坂の中腹辺りから靖国神社方向への眺めである。右に明治4年（1871）に建てられた常灯明台、左奥には靖国神社前の大灯籠が見える。

常灯明台
画 像：鶏卵紙 53×85mm

明治4年（1871）に戊辰戦争で戦った新政府軍の戦没者慰霊のために造られた。靖国神社（招魂社）の競馬場を挟んで正面にあったが、現在は道を渡った反対側の憲兵本部付属舎があった場所に移されている。

田安門付近の牛ヶ淵から望む神田、大手町方面の眺め

撮影者：フェリーチェ・ベアト
撮影年：文久3年～明治2年（1863～1869）
画　像：鶏卵紙　左：223×278mm　右：221×278mm

　左端が九段坂。九段と呼ばれる由来となった、江戸城に勤務する役人のための御用屋敷の石垣が、9段の内の4段まで見える。現在、昭和館がある牛ヶ淵沿いには、安政3年（1856）に幕府が海外事情の調査と教育のために蕃書調所を置いた。開成所の前身である。左の角から写真中央よりやや右に見える白い蔵の手前までが、万延元年（1860）に蕃書調所が小川町へ移転した後の様子であろう。右端の石垣から清水門の橋が見え、その左遠方には雉子橋門が見えるので、さらにその左遠方にある木々が生い茂る場所は、護持院原と呼ばれる火除地と思われる。よく見ると火の見櫓があちらこちらに建てられている。

麹町区

靖国神社前の大灯籠
撮影年：明治13年頃〜明治20年頃
　　　　（c1880〜c1887）
画　像：鶏卵紙　52×83mm

　この大灯籠は明治13年（1880）に戦没者慰霊のために、西南戦争参戦の別働第二旅団より奉納された。

> ＊36〜37頁の写真は
> 撮影者：不詳
> 出　典：『大日本東京寫眞名所一覧表』より。

靖国神社本殿
撮影年：明治5年頃〜明治20年頃
　　　　（c1872〜c1887）
画　像：鶏卵紙　53×83mm

　戊辰戦争の戦死者を祀るため、明治2年（1869）に招魂社という名称で建てられた。本殿は明治5年に落成した。

大鳥居から常灯明台を望む
撮影年：明治6年頃〜明治20年頃
　　　　（c1873〜c1887）
画　像：鶏卵紙　54×83mm

　明治6年（1873）に大鳥居が造られた。この写真には、大鳥居とその後ろに小さく見える常灯明台の間に、明治3年に兵部省が始めた招魂社競馬場が見えている。軍人が軍馬で競うレースで人気があり、ここで相撲や花火も催されたという。

遊就館
撮影年：明治13年頃〜明治14年頃
　　　　（c1880〜c1881）
画　像：鶏卵紙　53×82mm

　遊就館は、明治14年（1881）に靖国神社の敷地内に竣工した軍事資料館である。写真の遊就館は建築中のようで、窓ガラスがまだ入っていない。

麹町区

近衛歩兵営
撮影年：明治4年頃〜明治20年頃（c1871〜c1887）
画　像：鶏卵紙　54×82mm

　皇城の警衛や天皇の乗輿（じょうよ）の護衛をする親兵は、兵部省の管轄で明治4年（1871）に結成された。翌年、近衛局が設けられ、親兵は近衛兵となった。竹橋陣営とも呼ばれたこの時計台のある近衛歩兵営は、明治4年には竣工されていた。現在の北の丸公園に位置していたが、現存しない。江戸時代は武家地で田安家と清水家の屋敷があった土地である。

平川門と平川橋
撮影年：明治4年頃〜明治20年頃
　　　　（c1871〜c1887）
画　像：鶏卵紙　54×86mm

　正面に見える平川橋の左に平川門。平川橋の右後方には近衛歩兵営、さらにその右側に見える洋館は文部省の一部である。

文部省
撮影年：明治14年頃〜明治20年頃
　　　　（c1881〜c1887）
画　像：鶏卵紙　52×82mm

　文部省は大手町から明治10年（1877）にこの場所、現在の毎日新聞社辺りに移転し、明治14年に西洋建築に建て替えられた。

大蔵省
撮影年：明治4年頃～明治20年頃（c1871～c1887）　画　像：鶏卵紙　52×84mm

　大蔵省（現．財務省）は大手町1丁目、現在の三井物産の位置にあった。明治6年（1873）からしばらくの間、内務省が大蔵省の建物の一部を使うようになる。大蔵省の東門には大蔵省と内務省の二つの表札が立てられている時期もあったが、この写真にはない。

内務省
撮影年：明治7年頃～明治20年頃
　　　　（c1874～c1887）
画　像：鶏卵紙　54×83mm

　内務省の建物は、大蔵省の南側の敷地に明治7年（1874）に竣工された。

陸軍軍馬局
撮影年：明治4年頃～明治20年頃
　　　　（c1871～c1887）
画　像：鶏卵紙　55×83mm

　陸軍軍馬局は軍用馬を飼育調教する所で、明治4年頃（c1871）に置かれた。

```
＊38～39頁の写真は
撮影者：不詳
出　典：『大日本東京寫眞名所
　　　　一覧表』より。
```

麹町区

紙幣局製造場
撮影年：明治8年頃〜明治20年頃（c1875〜c1887）　画　像：鶏卵紙　196×231mm
　紙幣局（現.国立印刷局）は、神田橋から常盤橋の外堀沿いの内側を占める広大な場所にあった。明治4年（1871）から紙幣局は皇城内にあった大蔵省内に置かれていたが、明治8年にこの場所に移った。

紙幣局製造場の門
撮影年：明治10年頃〜明治11年頃
　　　　（c1877〜c1878）
画　像：鶏卵紙　53×85mm
　敷地内のほぼ中央にあるこの建物を紙幣寮とし、明治10年（1877）1月に紙幣局と改称した。紙幣局製造場はその東側にあった。翌年の12月に「印刷局」と改称される。

常盤橋
撮影年：明治10年頃〜明治20年頃
　　　　（c1877〜c1887）
画　像：鶏卵紙　53×83mm
　明治10年（1877）に石橋に架け替えられた後の常盤橋の写真には、門跡の石垣の向こう側に紙幣局製造場（印刷局製造場）の一部が見える。

道三橋
撮影年：明治6年頃〜明治20年頃（c1873〜c1887）　画像：鶏卵紙　54×86mm

　道三橋は、外堀の常盤橋と呉服橋の中間辺りから、内堀の和田倉門の間にあった道三堀の中間辺りに架かる橋で、写真は外堀付近にあった銭瓶橋から、和田倉門方向を撮影したもの。この頃は右側に陸軍倉庫、左側に東京鎮台歩兵営があった。

農商務省
撮影年：明治4年頃〜明治20年頃
　　　（c1871〜c1887）
　画像：鶏卵紙　53×83mm

　農商務省は、フランスにならって新設された中央官庁のひとつである。内務省と道を挟んで東隣、現在の読売新聞社の辺りに、明治14年（1881）に置かれた。大正14年（1925）に廃止され、農林省、商工省が新たに設置される。

東京鎮台
歩兵第一連隊第二大隊兵舎
撮影年：明治6年頃〜明治20年頃
　　　（c1873〜c1887）
　画像：鶏卵紙　53×83mm

　鎮台は明治6年（1873）に公布された徴兵令によって徴集された国民兵で編成され、最初は東京、大阪、仙台、名古屋、広島、熊本の六鎮台が置かれた。

麹町区

東京上等裁判所
撮影年：明治13年頃～明治20年頃
　　　　（c1880～c1887）
画　像：鶏卵紙　53×82mm

　東京上等裁判所は、明治8年（1875）に東京鎮台歩兵第一連隊第二大隊の南側に設けられ、明治11年にこの洋風建築となった。上等裁判所は明治13年より重罪裁判所と改められ、地方裁判所が軽罪裁判所とされた。

司法省
撮影年：明治4年頃～明治20年頃
　　　　（c1871～c1887）
画　像：鶏卵紙　53×81mm

　明治2年（1869）に設置された刑部省は、明治4年に廃止され、替わりにこの司法省が置かれた。米沢藩上屋敷をそのまま使ったこの司法省は、現在の丸の内中央郵便局に位置した。明治28年に西日比谷町に移転して、立派な西洋建築となる。

東京警視本署内務省警視局
撮影年：明治10年頃～明治14年頃
　　　　（c1877～c1881）
画　像：鶏卵紙　53×83mm

　政府は明治7年（1874）に東京警視庁を置いたが、明治10年内務省に警視局として所属させた。写真は、明治14年に警視局が再び警視庁に変わるまでの撮影であろう。

大審院
撮影年：明治10年頃～明治20年頃
　　　　（c1877～c1887）
画　像：鶏卵紙　53×81mm

　大審院は明治10年（1877）に設置された現在の最高裁判所である。

> ＊40～41頁の写真は
> 撮影者：不詳
> 出　典：『大日本東京寫眞名所一覧表』より。

消防隊の出初式
撮影年：明治 13 年頃〜明治 20 年頃
　　　（c1880〜c1887）
画　像：鶏卵紙　53×85mm
　消防隊は、明治 13 年（1880）より警視局にて編成された。この出初式は、馬場先通りを挟んで向かい側の練兵場か、祝田町の練兵場で行われたのであろう。

馬場先門
撮影年：明治 4 年頃〜明治 20 年頃
　　　（c1871〜c1887）
画　像：鶏卵紙　53×83mm
　馬場先門から鍛冶橋門をつなぐ馬場先通り一帯は、明治維新後に陸軍省用地となった。

馬場先通り
撮影年：明治 4 年頃〜明治 20 年頃
　　　（c1871〜c1887）
画　像：鶏卵紙　53×84mm
　馬場先門が小さく写る馬場先通りの景。明治 11 年（1878）以降は、右側に東京鎮台騎兵営、左側には監軍本部、その奥に教導団軍楽隊があった。

東京鎮台輜重兵中隊
撮影年：明治 4 年頃〜明治 20 年頃
　　　（c1871〜c1887）
画　像：鶏卵紙　53×83mm
　東京鎮台輜重兵中隊は、軍需品の運搬やその監視をする部隊である。

```
＊42〜43 頁の写真は
撮影者：不詳
出　典：『大日本東京寫眞名所
　　　　一覧表』より。
```

麹町区

陸軍省
撮影年：明治5年頃～明治20年頃
　　　　（c1872～c1887）
画　像：鶏卵紙　55×85mm

　明治5年（1872）に誕生した陸軍省は、馬場先通りにあった彦根藩上屋敷に置かれた。明治11年に参謀本部の管下となり永田町に移ると、この上屋敷には、軍の訓練や軍紀検査の管掌をする監軍本部が置かれる。

教導団軍楽隊と教導団工兵中隊
撮影年：明治4年頃～明治20年頃
　　　　（c1871～c1887）
画　像：鶏卵紙　53×82mm

　明治4年（1871）に兵部省に置かれた教導団軍楽隊は、翌年に兵部省が廃止され、陸軍省の教導団軍楽隊となり、その後、監軍本部の隣に置かれた。

陸軍裁判所
撮影年：明治4年頃～明治11年頃
　　　　（c1871～c1878）
画　像：鶏卵紙　54×86mm

　陸軍裁判所とはその名の通り、軍事に関する裁判事務を行うところで、近衛兵が起こした竹橋騒動事件もここで判決が下った。馬場先通りの陸軍省と同じ敷地内にあり、明治11年（1878）12月に陸軍省とともに永田町に移る。

東京裁判所
撮影年：明治4年頃～明治20年頃
　　　　（c1871～c1887）
画　像：鶏卵紙　53×83mm

　東京裁判所は明治11年（1878）に3階建ての洋館に建て替えられた。東京の地方裁判所で、明治13年には軽罪裁判所とされた。

鹿鳴館
撮影年：明治16年頃〜明治20年頃（c1883〜c1887）　画　像：鶏卵紙　52×83mm

　鹿鳴館は不平等条約改正のため、日本が文明国であるということを外国人に知らしめる社交場として明治16年（1883）に建てられた。明治27年には華族会館に払い下げられた。現在、内幸町1丁目の日比谷U−1ビルが建っている場所である。

東京府庁
撮影年：明治4年頃〜明治20年頃
　　　　（c1871〜c1887）
画　像：鶏卵紙　53×85mm

　慶応4年（1868）8月、南北町奉行支配地内を管轄する行政機関として、東京府庁が誕生した。東京府庁は、幸橋門の内側で外堀沿いに位置し、明治27年（1894）に丸の内庁舎があった場所に移転するまで、この旧柳沢邸の屋敷を使っていた。

日比谷大神宮
撮影年：明治13年頃〜明治20年頃
　　　　（c1880〜c1887）
画　像：鶏卵紙　53×83mm

　明治政府が祭政一致、大教宣布の一環で造った日比谷大神宮の神殿は、明治13年（1880）に落成した。日比谷門の南側の大隈重信邸跡、現在の有楽町1丁目にあった。現在は千代田区富士見に再建され、飯田橋大神宮（東京大神宮）と呼ばれている。

麹町区

元老院

撮影年：明治 8 年頃～明治 20 年頃
　　　　（c1875～c1887)
画　像：鶏卵紙　54×85mm

　祝田町にあった元老院（千代田区皇居外苑）は国会開設の基盤になるようにと、太政官左院にかわって明治 8 年（1875）に新設された。

> ＊ 44～45 頁の写真は
> 撮影者：不詳
> 出　典：『大日本東京寫眞名所
> 　　　　一覧表』より。

太政官分局

撮影年：明治 4 年頃～明治 20 年頃
　　　　（c1871～c1887)
画　像：鶏卵紙　52×84mm

　太政官は内閣制度が発足する明治 18 年（1885）まで、王政復古後の政治の中枢であった。宝田町（千代田区皇居外苑）の太政官分局は岩倉具視邸の隣にあったもので、明治 12 年から 14 年まで外務省として使われた。

近衛騎兵第一大隊兵舎

撮影年：明治 4 年頃～明治 20 年頃
　　　　（c1871～c1887)
画　像：鶏卵紙　54×85mm

　近衛騎兵第一大隊は天皇を守るためにと、祝田町の皇居側の西の丸大手門の一番近くに置かれていた。

教導団歩兵営　第三大隊

撮影年：明治 4 年頃～明治 20 年頃
　　　　（c1871～c1887)
画　像：鶏卵紙　53×84mm

　陸軍省の教導団営は、桜田門より西側の内堀沿いで、日比谷練兵場と隣接していた。現在の霞ヶ関 1 丁目にあたる。

外務省
撮影年：明治3年頃〜明治10年頃（c1870〜c1877）
画　像：鶏卵紙　50×83mm

　外務省は、明治3年（1870）に木挽町から霞ヶ関に移ってきた。この屋敷は明治10年に焼失してしまう。

* 46〜47頁の写真は
撮影者：不詳
出　典：『大日本東京寫眞名所一覧表』より。

外務省（新）
撮影年：明治14年頃〜明治20年頃
　　　　（c1881〜c1887）
画　像：鶏卵紙　52×82mm

　明治14年（1881）に建てなおされた写真の建物は、竣工されたばかりなのか、玄関先に植えられたばかりのような木が見える。日比谷練兵場側からの撮影である。

工部大学校校門
撮影年：明治8年頃〜明治20年頃
　　　　（c1875〜c1887）
画　像：鶏卵紙　55×85mm

　工部大学校校門の左に見える時計台のある建物は、明治6年（1873）に工部省工学寮として建てられた。明治10年、校門から右奥に新しく校舎が建てられ、工部大学校と改称した後は、博物館として絵図を写す電信器械、甲鉄艦や長崎ドックの雛型、石類、工芸などが展示してあった。

麹町区

潮見坂
撮影年：明治4年頃～明治20年頃（c1871～c1887）　画　像：鶏卵紙　54×84mm
　潮見坂は日比谷公園の南際を西に登る坂で、写真に見える坂の右側一帯は、安政6年（1859）の切絵図によると美濃松平屋敷であった。明治になってこの敷地内に外務省が置かれ、坂の左側も武家屋敷であったが、ロシア、イタリアの公使館となる。

陸軍本病院
撮影年：明治6年頃～明治20年頃（c1873～c1887）
画　像：鶏卵紙　52×86mm
　明治6年（1873）に設置された陸軍本病院。現在の最高裁判所と国立劇場がある場所である。明治11年頃に東京陸軍病院となり、同地には陸軍軍医本部が置かれる。

太政大臣三条実美邸
撮影者:不詳　撮影年:明治4年頃〜明治20年頃(c1871〜c1887)
画　像:鶏卵紙　54×83mm

『大日本東京寫眞名所一覧表』より。明治4年(1871)に新政府の最高責任者、太政大臣となった三条実美の邸宅は、現在の永田町、内閣府がある辺りにあった。

陸軍省(新)
撮影者:不詳
撮影年:明治11年頃〜明治20年頃
　　　(c1878〜c1887)
画　像:鶏卵紙　52×85mm

『大日本東京寫眞名所一覧表』より。この写真は、明治11年(1878)に丸の内から永田町に移転した新しい陸軍省である。参謀本部の北側に置かれた。

参謀本部
撮影者:不詳
撮影年:明治14年頃〜明治20年頃
　　　(c1881〜c1887)
画　像:鶏卵紙　52×82mm

『大日本東京寫眞名所一覧表』より。明治4年(1871)に兵部省内の陸軍部に設置された参謀局は、明治11年に独立し、参謀本部が設置された。この建物は、明治14年に現在の国会議事堂がある辺りに竣工された。

第3章

神田区

　明治11年（1878）に区画された神田区は、現在の千代田区の北東部にあたる。日本橋川を境に、神田区と麹町区に区切られていた。また、神田川を挟んで、南側は内神田、北側に張り出した地域は外神田といわれた。現在の秋葉原辺りである。神田区は駿河台を除き、すべて平地である。江戸時代には、俎橋から一ツ橋、神田橋付近は、譜代大名の屋敷や旗本屋敷ばかりだった。現在の万世橋付近は武家屋敷や職人街で賑わい、神保町付近には旗本屋敷が多くあった。

神田区

昌平橋

撮影者：下岡蓮杖
撮影年：明治4年（1871）
画　像：鶏卵紙
　　　　195 × 241mm

『臼井秀三郎の写真帖』より。湯島側から駿河台方向の眺め。

昌平橋付近から駿河台方面の眺め
撮影者：内田九一
撮影年：明治4年〜明治6年（1871〜1873）
画　像：鶏卵紙　207×266mm

　神田川の右遠方にうっすらと昌平坂とそれに沿って湯島聖堂（旧昌平坂学問所）の塀が見える。船がたくさん泊まっている昌平河岸は、材木を主に荷揚げしていたようだ。この周辺には、薪を扱う商人が多かったので、薪河岸とも呼ばれていたそうである。

昌平坂
撮影者：内田九一
撮影年：明治4年〜明治6年
　　　　（1871〜1873）
画　像：鶏卵紙
　　　　206×265mm

　左は湯島聖堂の塀で、神田川の遠方に架かる手前の木橋は昌平橋、その後ろに筋違橋がある。

神田区

神田橋門
撮影者：横山松三郎
撮影年：明治4年（1871）
画　像：鶏卵紙
　　　　53×86mm

　内曲輪にある神田橋門は、高麗門と19間×4間の長大な規模を持つ櫓門で守られた門である。しかし、明治7年（1873）に櫓門が撤去された。左手前は御休所と書かれた茶屋。その奥に石灯籠。

水道橋
撮影者：不詳
撮影年：明治4年頃～明治20年頃
　　　　（c1871～c1887）
画　像：鶏卵紙 53×84mm

　『大日本東京寫眞名所一覧表』より。井の頭の湧水を水路でひいて、神田や日本橋、京橋に給水した神田上水懸樋が、この橋のすぐ下流にあったことからこの名で呼ばれる。

万世橋
撮影者：不詳
撮影年：明治6年頃～明治20年頃
　　　　（c1873～c1887）
画　像：鶏卵紙
　　　　52×83mm

　『大日本東京寫眞名所一覧表』より。この橋は、明治6年（1873）に現在の昌平橋付近に架けられたが、明治39年に万世橋駅の工事のために取り壊されてしまう。

神田明神の随身門

撮影年：明治4年頃～明治20年頃
　　　　（c1871～c1887）
画　像：鶏卵紙　53×83mm

　江戸時代から、城下の商人や職人が氏子となって、商売繁盛、事業繁栄、家庭円満、縁結びの神として崇敬されてきたこの神社は、正式名を神田神社といい、大黒様、夷様、平将門を祭神とする。

神田明神の社殿

撮影年：明治4年頃～明治20年頃
　　　　（c1871～c1887）
画　像：鶏卵紙　54×83mm

　明治政府はこの神社を勅祭社とし、祭神である平将門を本殿より外し氏子を怒らせたという。昭和59年（1984）にやっと将門は正式な祭神として復古した。

＊54～55頁の写真は
撮影者：不詳
出　典：『大日本東京寫眞名所一覧表』より。

東京外国語学校

撮影年：明治4年頃～明治20年頃
　　　　（c1871～c1887）
画　像：鶏卵紙　54×82mm

　明治6年(1873)、すでにあった第一学区独逸（ドイツ）学教場と外務省の外国語学所を大学南校（東京大学）に合併させ、その一ツ橋通りを挟んだ向かい側に官立東京外国語学校として設立した。小学校を卒業した14歳以上の者が入学できる、専門学校への予備教育をする機関である。

神田区

東京大学（法理文学部）と東京大学予備門
撮影年：明治10年頃～明治20年頃
　　　（c1877～c1887）
画　像：鶏卵紙　52×83mm

　幕末期、幕府が設立した開成所は、明治になると、東京府の所管になり大学南校とされ、明治7年（1874）には東京開成学校、明治10年には東京大学と改称された。写真は明治6年に一ツ橋に改築された建物である。

東京英語学校
撮影年：明治7年頃～明治20年頃
　　　（c1874～c1887）
画　像：鶏卵紙　54×87mm

　この学校は、東京外国語学校の英、独、仏、露、中国語の五語学科のうち、特に重視された英語科を分離させて明治7年（1874）に設立された。写真の右端に一部写るのは大学南校（東京開成学校）。その後に東京大学となると、この学校を東京大学予備門とした。

文久橋か
撮影年：明治6年頃～明治11年頃
　　　（c1873～c1878）
画　像：鶏卵紙　53×85mm

　寛永年間（1624～1644）に架設された昌平橋は、現在の万世橋辺りに位置したが明治6年（1873）に洪水で流失し、明治32年に萬世橋より上流に再建された。この橋は昌平橋が再建される間、その代わりに元々あった場所よりすぐ下流に架けられた文久橋だろうか。

東京十字架聖堂
撮影年：明治7年頃～明治20年頃
　　　（c1874～c1887）
画　像：鶏卵紙　53×83mm

　駿河台にあったロシア公使館付属地に明治7年（1874）に竣工した聖堂である。最初はロシアの宣教師ニコライの私的礼拝堂として建てたものであったが、日を追って信徒は増えていった。

学習院
撮影年：明治6年～明治11年（1873～1878）　画　像：鶏卵紙　53×83mm

　幕末期にあった公家を対象とした教育機関、学習所がもとである。華族制度が整備された後の明治10年（1877）には、学習所は華族学校という校名となり、翌年、その学則が制定された。同年、東京大学の東隣に校舎を新築し、学習院と改称された。

大隈重信邸
撮影年：明治10年頃～明治20年頃
　　　　（c1877～c1887）
画　像：鶏卵紙　54×85mm

　明治3年（1870）に参議となった大隈重信の豪邸である。明治10年に普請したこの屋敷は、座敷一間の壁に当時の1,000円がかかっているという。

```
＊56頁の写真は
撮影者：不詳
出　典：『大日本東京寫眞名所
　　　　一覧表』より。
```

大隈重信邸遠望
撮影年：明治10年頃～明治20年頃
　　　　（c1877～c1887）
画　像：鶏卵紙　54×85mm

　大隈邸は清水門の真正面にあり、正確には麹町区に含まれる。

日本橋区

第4章

日本橋区

　明治11年（1878）に区画された日本橋区は、現在の中央区を京橋区と二分していた。神田区の東南の境から、神田川南岸を河口まで、隅田川の西岸を日本橋川まで、日本橋川から左に流れる亀島川の亀島橋まで、そこから外堀があった現在の東京駅八重洲口までの外堀の外側である。

　そのため、物資を運ぶ水上交通は市中第一であった。江戸城下の中心地、両替商や大問屋、呉服商や河岸で発展した場所である。

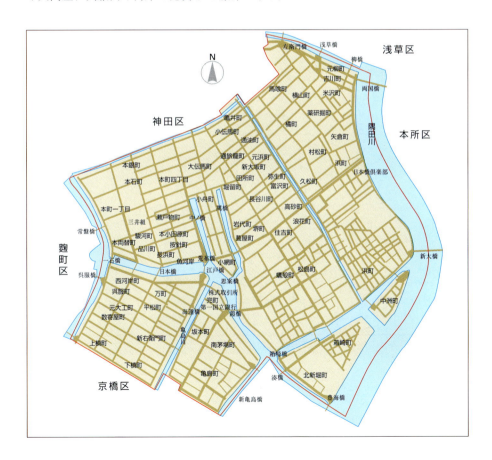

日本橋通り
撮影者：不詳
撮影年：明治15年頃～明治20年頃（c1882～c1887）
画　像：鶏卵紙　52×81mm

日本橋区

『大日本東京寫眞名所一覧表』より。日本橋1丁目付近から日本橋方向の撮影である。写真右端に見える街灯の後ろに、古くからあった呉服店白木屋の暖簾が見える。通りには明治15年（1882）に、新橋から日本橋間に開通した鉄道馬車が走っている。

呉服橋門と一石橋
撮影者：下岡蓮杖
撮影年：明治4年（1871）
画　像：鶏卵紙　184×214mm

日本橋区

　スティルフリードのアルバムより。写真左方中央の橋は呉服橋、そこを通ると内曲輪にある呉服橋門である。今の中央区八重洲にあった。写真には、呉服橋門の高麗門が見えるが、その奥に15間×4間の櫓門が控えていた。右側に見えるのが一石橋（いっこくばし）、左方遠方に見えるのが常盤橋である。

呉服橋門の高麗門と櫓門
撮影者：不詳
撮影年：明治4年～明治6年
　　　　（1871～1873）
画　像：鶏卵紙　52×84mm

　『大日本東京寫眞名所一覧表』より。呉服橋門が取り払われたのは、明治6年（1873）のことである。高麗門の横には石垣しか残っていない。取り壊しが始まった頃なのだろう。櫓門の荒廃が痛々しく写る。

常盤橋門
撮影者：横山松三郎
撮影年：明治4年（1871）
画　像：鶏卵紙　54×85mm

　内曲輪にある常盤橋門は、高麗門と19間×4間の櫓門とで成る枡形門である。撮影時期には、もう高麗門の両側の塀がない。石垣の一部は昭和3年（1928）に史跡指定された。

日本橋区

呉服橋門

撮影者：横山松三郎
撮影年：明治4年
　　　　（1871）
画　像：鶏卵紙
　　　　55×85mm

　呉服橋から赤坂門橋までと、喰違門橋から四谷門橋までの外堀は今はない。

呉服橋付近より常盤橋方面の眺め
撮影者：内田九一
撮影年：明治4年〜明治9年（1871〜1876）
画　像：鶏卵紙　55×91mm

日本橋区

遠方に見える木橋が常盤橋で明治10年(1877)に石橋に架け替えられる。右端に見えるのが一石橋で、写真の左が呉服橋門になる。呉服橋門は、明治6年の9月からおよそ1カ月で取り壊された。

小林時計店の時計塔
撮影年：明治9年頃～明治20年頃（c1876～c1887）　画　像：鶏卵紙　55×87mm

　京橋を背に日本橋方向の撮影である。中央に見える時計塔は、明治9年（1876）に小林時計店の支店に設置されたもので、日本橋から京橋の間に2軒の支店があった。この蔵造りの和風建築の店舗と屋根の上の時計塔は、2軒ともよく似た造りで、どちらの支店かははっきりとしないが、店舗の向こう側に路地が見えるので、地図から見ると日本橋支店の可能性が強い。明治の東京には37基の時計塔があったという。

日本橋と日本橋通り
撮影年：明治10年頃～明治20年頃
　　　（c1877～c1887）
画　像：鶏卵紙
　　　52×82mm

　写真は京橋方向の眺めである。最初この橋には、歩道と馬車道を分離するガードレールのような欄干があったが、明治10年（1877）にはすでに欄干はこのように取り払われていたようだ。

日本橋区

資生堂薬舗と三井組
撮影年：明治7年頃～明治20年頃
　　　　（c1874～c1887)
画　像：鶏卵紙　52×84mm

　日本橋通り沿いの駿河町には、古くから三井組の建物が建ち並んでいた。室町3丁目に位置する手前の建物は、資生堂薬舗。

＊66～67頁の写真は
　撮影者：不詳
　出　典：『大日本東京寫眞名所
　　　　一覧表』より。

三井物産と三井組
撮影年：明治7年頃～明治20年頃
　　　　（c1874～c1887)
画　像：鶏卵紙　51×81mm

　中央にそびえる3階建ての白い建物は、呉服販売の豪商三井越後屋が設立した金融会社三井組が、明治7年（1874）に建てたものである。明治9年の銀行条例改正で、私立銀行として公認された三井組は、三井銀行と改称される。資生堂薬舗であった建物には、三井物産の掛札がある。

日本橋と電信局
撮影年：明治10年頃～明治20年頃
　　　　（c1877～c1887)
画　像：鶏卵紙　53×84mm

　江戸時代、日本橋は、御入用橋として幕府が橋の維持管理をしていた。明治5年（1872）、橋は火災で焼け、翌年にこの平らな木橋が架けられた。写真は日本橋川から京橋方向の眺めである。橋上の左には、明治5年に開業した電信局と、右端には明治8年に敷設されたガス灯が見える。

常盤橋遠景
撮影年：明治4年頃〜明治10年頃
　　　（c1871〜c1877）
画　像：鶏卵紙　53×84mm
　橋は明治10年（1877）に石橋に架け替えられるので、それ以前の撮影のようだ。橋の右側に見える街並みは本両替町で、その名のとおり両替商がたくさんあった。そこには、明治29年に壮大な日本銀行の建物が竣工する。呉服橋付近からの眺めである。

一石橋
撮影者：不詳
撮影年：明治4年頃〜明治20年頃
　　　（c1871〜c1887）
画　像：鶏卵紙　54×86mm
　手前が外堀で、橋の奥を流れるのが日本橋川である。一石橋のまたの名を人見橋ともいう。この橋の上に立てば、日本橋川に架かる日本橋と江戸橋のほか、常盤橋、呉服橋と鍛冶橋、道三堀に架かる銭瓶橋と道三橋、そして一石橋を含めて八つの橋が望める見晴らしのよい橋だった。

小網町の鎧河岸
撮影者：不詳
撮影年：明治4年頃〜明治20年頃
　　　（c1871〜c1887）
画　像：鶏卵紙　52×84mm
　隅田川へ通じる日本橋川は、千葉や茨城、大阪などからくる商人たちの船で賑わった。兜町米商会所の対岸に広がる小網町には、特に船積問屋が多く、食料品雑貨や荒物雑貨とさまざまな物が荷揚げされた。

日本橋区

河岸

撮影年：明治4年～明治6年（1871～1873）
画　像：鶏卵紙　51×85mm

　江戸時代から日本橋付近につくられた堀や川に沿って、たくさんの蔵屋敷が軒を連ねた。

＊68～69頁の写真は
撮影者：不詳
出　典：『大日本東京寫眞名所
　　　一覧表』より。

江戸橋

撮影者：不詳
撮影年：明治8年頃～明治20年頃
　　　（c1875～c1887）
画　像：鶏卵紙　53×86mm

　江戸橋は、明治8年（1875）に木橋からこの石橋に架け替えられた。

江戸橋と荒布橋

撮影者：不詳
撮影年：明治4年頃～明治20年頃
　　　（c1871～c1887）
画　像：鶏卵紙　53×82mm

　写真の右側が荒布橋である。すっかり石橋に架け替えられた橋の向こうには、西堀留川沿いに並ぶ小舟町の蔵屋敷が見える。金融や実業で大成をとげた富豪が多くいた町だ。左は江戸橋。

第一国立銀行と海運橋
撮影年：明治8年〜明治20年（1875〜1887）　画　像：鶏卵紙　194×248mm

　明治5年（1872）、兜町に竣工したこの建物は、最初は正式名を大蔵省御用為替座三井組御用所、通称三井組ハウスと呼ばれ、駿河町の三井組が建てたものである。それが、翌年政府に買い上げられ、渋沢栄一を頭取とした第一国立銀行として開業した。海運橋は明治8年に石橋に架け替えられた。

鎧橋と兜町米商会所
撮影年：明治9年頃〜明治20年頃（c1876〜c1887）
画　像：鶏卵紙　53×83mm

　日本橋川を挟んで、兜町と小網町をつなぐ鎧橋は、御用商人の私財で明治5年（1872）に架けられた。白い2階建ての建物は、明治9年頃に三井次郎右衛門を頭取とする兜町米商会所として建てられた。

* 70〜71頁の写真は
撮影者：不詳
出　典：『大日本東京寫眞名所一覧表』より。

日本橋区

駅逓寮
撮影年：明治7年頃～明治20年頃
　　　　（1874～1887）
　画　像：鶏卵紙　52×83mm

　郵便制度は明治4年（1871）に始まった。創業当時は郵便脚夫が東京から長崎を190時間、8日間で届けていた。明治7年にこの建物に建て替えられた。

茅場町の御旅所
撮影年：明治2年頃～明治4年頃
　　　　（c1869～c1871）
　画　像：鶏卵紙　54×84mm

　御旅所（おたびしょ）の境内には山王宮と山王権現、天満宮に薬師堂があった。江戸時代に作られたこの御旅所は、明治4年（1871）に無格社日枝神社と改称され、大正期に摂社日枝神社となる。

報知新聞社
撮影者：不詳
撮影年：明治9年頃～明治20年頃
　　　　（c1876～c1887）
　画　像：鶏卵紙　52×81mm

　石造りのこの建物は、薬研堀町に明治9年（1876）に新築落成した報知新聞社である。郵便報知新聞が報知新聞社の始まりであるが、その新聞は、明治5年から月6回発行され、翌年から日刊となる。明治27年には報知新聞と改称された。

兜町米商会所（東京株式取引所）
撮影者：不詳
撮影年：明治9年頃～明治20年頃
　　　　（c1876～c1887）
　画　像：鶏卵紙　52×83mm

　東京株式取引所は、明治11年（1878）に設立された。最初は兜町鎧橋辺りで始めたが、兜町米商会所が移転するとそこへ移ったとされる。兜町と記された桶には米と文字があるので、まだ米商会所が蛎殻町に移転する前だろう。

71

蛎殻町米商会所
撮影年：明治16年頃〜明治20年頃
　　　　（c1883〜c1887）
画　像：鶏卵紙　52×82mm

　蛎殻町1丁目は、江戸時代は武家地であった。明治4年（1871）の廃藩置県で明治政府に買い上げられ、蔵や商店が建ち並ぶ町になった。明治16年に兜町と蛎殻町の米商会所が合併し、東京米商会所としてこの建物が使われた。

蛎殻町米商会所遠望
撮影年：明治16年頃〜明治20年頃
　　　　（c1883〜c1887）
画　像：鶏卵紙　54×85mm

＊72〜73頁の写真は
　撮影者：不詳
　出　典：『大日本東京寫眞名所
　　　　　一覧表』より。

水天宮
撮影年：明治4年頃〜明治20年頃
　　　　（c1871〜c1887）
画　像：鶏卵紙　53×84mm

　九州の久留米藩主有馬家の守護神である水天宮は、明治5年（1872）に現在の蛎殻町2丁目に移転した。元は旗本屋敷のあった場所で、写真にはその名残が見られる。安産の神様として信仰を集め、人形町通りが栄えてくると、参拝客で賑わった。

辻馬車
撮影年：明治4年頃〜明治20年頃
　　　　（c1871〜c1887）
画　像：鶏卵紙　54×86mm

　東京府は、明治5年（1872）に馬車規則を定めた。それほど馬車の利用者が増加したということである。明治10年の馬車の交通規則には、「馭者（ぎょしゃ）は満20歳以上で、飲酒した者は禁じる。また、左側通行をする事」などがある。

日本橋区

久松座
撮影年：明治12年頃～明治20年頃
　　　　（c1879～c1887）
画　像：鶏卵紙　54×84mm

　写真中央の大きな建物が久松町にあった久松座で、後の明治座である。明治6年（1873）、初めは喜昇座としてスタートしたが、その後、何度も火災に遭い名称を変えている。そして明治26年に落成して明治座となった。写真には、久松座の看板が見える。手前に流れる浜町川は、戦後に埋めたてられて今はない。

大丸呉服店支店
撮影年：明治4年頃～明治20年頃
　　　　（c1871～c1887）
画　像：鶏卵紙　54×85mm

　本町通りに面したこの大丸呉服店は、京都にあった呉服店大文字屋の支店で、寛保3年（1743）からこの場所にあった。明治43年（1910）にこの支店は閉鎖されるが、三井組の越後屋、日本橋通りの白木屋と並ぶ一流呉服店であった。

浅草橋（石橋）
撮影年：明治11年頃～明治17年頃
　　　　（c1878～c1884）
画　像：鶏卵紙　52×83mm

　明治6年（1873）、木橋であった浅草門橋は取り壊され、翌年に門の石垣を使ってこの石橋に架け替えられた。橋の左側が門のあった馬喰町方面である。柳橋付近から上流を写している。後ろにうっすら見える白い建物は、明治11年にはすでにあった病院のようだ。

浅草橋（鉄橋）
撮影年：明治17年頃～明治20年頃
　　　　（c1884～c1887）
画　像：鶏卵紙　53×82mm

　石橋だった浅草橋は、老朽と鉄道馬車の線路の敷設もあって、明治17年（1884）にこの鉄橋に架け替えられた。弓弦型の鋼鉄で支えてあるが、そこで車馬道と歩道が区切られている。

両国橋と元柳橋付近の渡船場
撮影年：明治8年頃～明治20年頃（c1875～c1887） 画　像：鶏卵紙　52×82mm

　明暦の大火（1657）の惨事を受けて、大火から3年後に架けられたのが両国橋である。江戸時代から、洪水や火事で何度か架け替えられている。写真は明治8年（1875）に架け替えられたものだ。

両国橋と貝拾い
撮影年：明治8年頃～明治20年頃
　　　（c1875～c1887）
画　像：鶏卵紙　53×83mm

＊74～75頁の写真は
撮影者：不詳
出　典：『大日本東京寫眞名所
　　　　一覧表』より。

両国橋と船宿
撮影年：明治4年頃～明治20年頃
　　　（c1871～c1887）
画　像：鶏卵紙　54×86mm

　この辺りの船宿は、隅田川の舟遊びをする客をとるか、吉原や深川などの遊び場へ向かう客を送り出す。まだ江戸時代からの情緒がうかがえる写真である。角にある船宿は1階の柵がある辺りから船に乗るのだろうか。2階が待合茶屋か。

日本橋区

柳橋と両国橋
撮影年：明治4年頃～明治20年頃
　　　　（c1871～c1887）
画　　像：鶏卵紙　53×82mm

　写真右が、遊船宿日野屋のあった隅田川沿いの部分である。柳橋の後ろに船宿の船がいくつか泊まっているのがわかる。遠方の右側には両国橋がぼんやり見える。

柳橋
撮影年：明治4年頃～明治20年頃（c1871～c1887）
画　　像：鶏卵紙　54×87mm

　橋の手前は新柳町で、遊船宿日野屋の看板がかかった入口がある。川向こうの木の後ろに見えるのが、料亭亀清。日本橋区側から神田川を挟んで浅草区方面の撮影である。浅草橋から柳橋のこの辺りは、船宿や芸者屋、料亭が建ち並び賑わった。

両国橋と第三永島丸
撮影年：明治13年頃～明治20年頃（c1880～c1887）
画　　像：鶏卵紙　54×87mm

　この船は、明治13年（1880）に永島良幸が、蒸気船永島丸5隻で荷客運送を始めたうちの1隻である。利根川や渡良瀬川、江戸川や隅田川を周って栃木や茨城、千葉、東京へ荷物や人を運ぶ民間の汽船業を行った。東京の発着所は、両国橋下流の元柳河岸と蠣殻町3丁目河岸である。

新大橋
撮影年：明治4年頃～明治18年頃（c1871～c1885）
画　　像：鶏卵紙　54×85mm

　新大橋は元禄6年（1693）に架けられた。名前の由来は、この上流にすでにあった両国橋が最初は大橋と呼ばれていたからである。写真は、明治18年（1885）に架け替えられる以前の橋である。大正の大震災では、両側にある両国橋と永代橋は燃えてしまったが、この橋だけは無事であった。

箱崎町の旧土佐藩主山内邸と永代橋
撮影年：明治4年頃～明治20年頃（c1871～c1887）　画　像：鶏卵紙　53×85mm
　江戸時代、箱崎町4丁目には広大な田安家の屋敷があり、箱崎八景と称された庭園もあった。そこが維新後に旧土佐藩主山内邸となる。写真右半分に写る建物群は山内邸の敷地で、背後に見える森はその庭園の一部である。左遠方の橋は、隅田川に架かる永代橋である。

永代橋
撮影年：明治8年頃～明治20年頃
　　　（c1875～c1887）
画　像：鶏卵紙　52×84mm
　日本橋川河口に架かる豊海橋（とよみばし）から、深川区方向の眺めである。ここから200m下流の、現在の位置に移ったのは明治30年（1897）のこと。写真は明治8年に架け替えられたもので、両国橋と同じく洋風造りとなった。

永代橋と豊海橋
撮影年：明治8年頃～明治20年頃
　　　（c1875～c1887）
画　像：鶏卵紙　54×85mm
　永代橋から日本橋方向の眺めである。明治8年（1875）に架け替えられたとされるこの橋は、歩道と車馬道が区切られているが、車馬道を歩く人影がある。左遠方に見える日本橋川河口に架かる豊海橋を、左に渡れば京橋区南新堀町、現在の新川町にあたる。

日本橋区

豊海橋と北海道開拓使物産売捌所(日本銀行)
撮影年:明治13年頃〜明治20年頃(c1880〜c1887) 画 像:鶏卵紙 54×86mm
　明治2年(1869)から政府官制の改革で設置された開拓使は、明治13年にこの建物を売捌所として北新堀町に竣工させた。写真左が豊海橋で、現在の新川町から箱崎方向に渡った辺りに位置した。

北海道開拓使物産売捌所(日本銀行)
撮影年:明治13年頃〜明治20年頃
　　　(c1880〜c1887)
画 像:鶏卵紙　53×83mm
　竣工された頃の撮影だろうか。

> ＊76〜77頁の写真は
> 撮影者:不詳
> 出　典:『大日本東京寫眞名所
> 　　　一覧表』より。

三菱商船学校渡船場と永代橋
撮影年:明治8年頃〜明治20年頃
　　　(c1875〜c1887)
画 像:鶏卵紙　53×83mm
　明治政府は、日本の海運業の遅れを感じ、船員教育を始めた。政府からの補助金で、岩崎弥太郎が明治8年(1875)に開設した私立三菱商船学校は、永代橋の下流、霊岸島京橋区銀町の隅田川河岸にあった。校舎は成妙丸という帆船で、生徒を船内に住まわせて教育実習を行った。

日本橋魚河岸
撮影者：不詳
撮影年：明治13年頃〜明治20年頃（c1880〜c1887）
画　像：鶏卵紙　52×83mm

　『大日本東京寫眞名所一覧表』より。江戸橋から日本橋を室町方向に撮影している。橋と橋の間のこの一

日本橋区

帯に魚河岸が始まったのは、江戸時代初期、幕府へ上納した残りの鮮魚をここで販売したのが起源のようだ。その後、魚市場が開かれて、各地からきた漁船がこの河岸から魚を陸揚げするようになり、魚河岸と呼ばれるようになった。大正12年（1923）の関東大震災で焼け落ちて築地に移転するまでは、江戸庶民の台所として活気づいていた。

三菱商船学校渡船場と廻旋橋
撮影者：不詳　撮影年：明治8年頃〜明治20年頃（c1875〜c1887）　画　像：鶏卵紙　54×85mm
　『大日本東京寫眞名所一覧表』より。永代橋を背に、隅田川河口の眺めである。現在の新川1丁目にあった京橋区越前堀町には、江戸時代、福井藩主松平家の屋敷があり周りには堀が造られた。右端は廻旋橋、左には三菱商船学校渡船場と記された標柱がある。

越前堀町と隅田川
撮影者：不詳　撮影年：明治8年頃〜明治20年頃（c1875〜c1887）
画　像：鶏卵紙　54×87mm
　『大日本東京寫眞名所一覧表』より。越前堀町の隅田川河岸は、この当時から三菱の倉庫がたくさんあった。隅田川に浮かぶ黒い船は、三菱商船学校で使われた成妙丸だろうか。イギリス製の帆船だったという。

第 5 章
京橋区

　京橋区は、江戸時代には職人が多く住む静かな街であった。明治5年（1872）の大火で、銀座通りはもちろん、木挽町や築地の西本願寺までもが焼失した。そこで政府は、この大火を期に、新橋から京橋の間に西洋風の街並みを造る計画を立てた。道幅を拡張して2階建て煉瓦造りの店舗が建設され、ガス灯が設置されて、ハイカラでモダンな街へと発展した。また、すでに幕府によって本湊町、船松町、明石町辺りには外人居留地が造られていたためか、商社などの商業地域へと発展した。

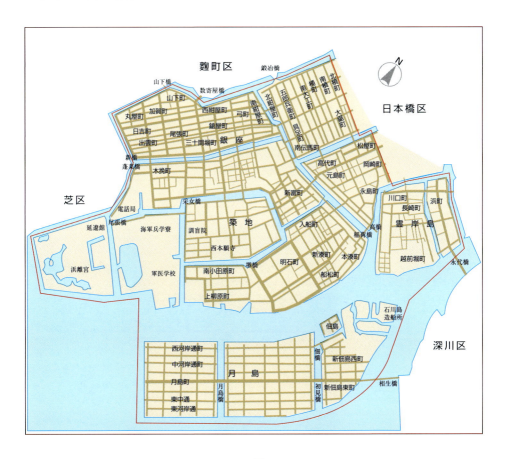

鍛冶橋と鍛冶橋門
撮影者：下岡蓮杖　撮影年：明治4年（1871）　画　像：鶏卵紙　201×238mm

『臼井秀三郎の写真帖』より。門内には江戸時代に南町奉行所や中番所が、明治になると監獄や警視庁が置かれたので、この門には明治6年（1873）に取り壊されるまで常に番人が4、5人いたという。

鍛冶橋門
撮影者：横山松三郎
撮影年：明治4年（1871）
画　像：鶏卵紙　53×86mm

　内曲輪にある外枡形門。高麗門と16間×4間の櫓門で構成されていた。この辺りの堀は第2次世界大戦後の瓦礫で埋め立てられた。

京橋区

数寄屋橋門
撮影者：横山松三郎　撮影年：明治4年（1871）　画　像：鶏卵紙　54×84mm
　内曲輪にある内枡形門。高麗門と17間×4間の櫓門で構成されていた。門の名は茶坊主の数寄屋造りの屋敷が多かったことに由来。現在の有楽町マリオン付近。

京橋から眺める小林時計店の時計塔
撮影者：不詳　撮影年：明治9年頃〜明治20年頃（c1876〜c1887）　画　像：鶏卵紙　53×83mm
　『大日本東京寫眞名所一覧表』より。明治8年（1875）に石橋に架け替えられた京橋から、日本橋方向の眺めである。この時計塔は、明治9年に設置された。

読売新聞　日就社
撮影年：明治10年頃～明治20年頃（c1877～c1887）　画　像：鶏卵紙　55×86mm

　明治3年（1870）に横浜に設立された日就社は、最初に英和辞典を刊行した。その後、芝区琴平町に移り読売新聞を発行して、明治10年に銀座1丁目1番に移る。社名を読売新聞社としたのは、大正6年（1917）のことである。

大倉組前のアーク灯
撮影年：明治15年頃～明治20年頃
　　　　（c1882～c1887）
画　像：鶏卵紙　54×86mm

　東京電燈会社の創立準備会が、明治15年（1882）にアーク灯を点灯してデモンストレーションを行った。銀座2丁目の店先に設置されたアーク灯には、毎日大勢の見物人が集まり賑わったという。

銀座4丁目と京屋時計店
撮影年：明治9年頃～明治20年頃
　　　　（c1876～c1887）
画　像：鶏卵紙　57×82mm

　銀座4丁目から京橋方向の撮影で、左に行けばすぐに朝野新聞社である。右上にうっすら見える時計塔は明治9年（1876）に建てられた京屋時計店の支店である。

京橋区

東京絵入新聞　両文社
撮影年：明治8年頃〜明治17年頃
　　　　（c1875〜c1884）
画　像：鶏卵紙　55×86mm

　両文社によって明治8年（1875）に創刊された平仮名絵入新聞は、犯罪や情痴事件をフリガナのある絵付きの記事にして、一般大衆にとても人気があった。その後すぐに東京平仮名絵入新聞、翌年に東京絵入新聞と改題され日刊となる。

京橋と警視第一方面第三署
撮影年：明治10年頃〜明治20年頃
　　　　（c1877〜c1887）
画　像：鶏卵紙　53×82mm

　橋の後ろに見える白い2階建ての洋館は、明治8年（1875）に銀座から移ってきた警視第一方面第三署である。その翌年の12月、日本橋区数寄屋町から出火した火事は、日本橋から京橋間に燃え移り、大火となった。写真は、その火災の後だろうか。修繕中の街並みが見える。

京橋と日本橋方面の街並み
撮影年：明治4年頃〜明治20年頃
　　　　（c1871〜c1887）
画　像：鶏卵紙　52×82mm

＊84〜85頁の写真は
撮影者：不詳
出　典：『大日本東京寫眞名所一覧表』より。

凮月堂
撮影年：明治4年頃〜明治20年頃
　　　　（c1871〜c1887）
画　像：鶏卵紙　55×87mm

　江戸時代から幕府御用達の老舗和菓子屋凮月堂（ふうげつどう）は、南伝馬町2丁目にあった。京橋を背に日本橋方向の眺めである。戊辰戦争の時に薩摩藩から注文を受け、兵士が携帯できる黒ゴマ入り兵糧パンを5000人分納入し、それが日本のパン作りの始まりとされている。

東京曙新聞と朝野新聞
撮影年：明治9年頃～明治20年頃
　　　　（c1876～c1887）
画　像：鶏卵紙　56×82mm

　尾張町新地と銀座4丁目の角で、写真左の建物が現・三愛の位置。明治9年（1876）に東京曙新聞が神田小川町から移転してきた。写真右側の現・和光の位置にあたる場所には、同年、朝野（ちょうや）新聞が神田小川町から移転してきた。

朝野新聞
撮影年：明治9年頃～明治20年頃
　　　　（c1876～c1887）
画　像：鶏卵紙　55×83mm

　朝野新聞は、旧幕臣であった成島柳北が明治7年（1874）に創刊したもので、民間からの視点で政府を批判した。さらりとした文面のなかに風刺の牙をひそませ、人気があったという。

日報社
撮影年：明治4年頃～明治20年頃
　　　　（c1871～c1887）
画　像：鶏卵紙　53×82mm

　明治5年（1872）に東京で最初の日刊紙東京日日新聞を発行した日報社は、明治7年に浅草瓦町から銀座2丁目、明治9年に尾張町1丁目に移転した。前年に閉店した島田組えびす屋呉服店のこの建物を大蔵省から払下げを受けたのだ。

日報社正面
撮影年：明治4年頃～明治20年頃
　　　　（c1871～c1887）
画　像：鶏卵紙　54×85mm

　明治44年（1911）に大阪毎日新聞に合併される。

> ＊86～87頁の写真は
> 撮影者：不詳
> 出　典：『大日本東京寫眞名所
> 　　　　一覧表』より。

京橋区

共同社
撮影年：明治6年頃〜明治14年頃
　　　（c1873〜c1881）
画　像：鶏卵紙　52×83mm

　詳細は定かではないが、この共同社は出版社か本屋のようで、現在の銀座6丁目の交差点から京橋方向の眺めである。この番地は活版印刷所の績文社があった場所で、明治14年（1881）に東洋自由新聞が同居するので、績文社がここに入る前の撮影だろうか。

西洋服裁縫店
撮影年：明治10年頃〜明治20年頃
　　　（c1877〜c1887）
画　像：鶏卵紙　54×84mm

　ハイカラな看板があるこの店は、山岸民次郎が、明治10年（1877）に尾張町2丁目25番の角に開いた洋裁店である。現在のGINZA SIXの場所で、写真は京橋方向の眺めになる。明治22年の憲法発布の際には、天皇の服をつくり、以降、宮内省御用達となる。

新橋と南金六町
撮影年：明治6年頃〜明治20年頃
　　　（c1873〜c1887）
画　像：鶏卵紙　53×84mm

　新橋の左角が、現在の博品館の場所である。拡大するとインキ、ミシン針と読める看板がある建物が、改築、増築され豪華になっている。この街の繁栄ぶりがうかがえる。

新橋と南金六町
撮影年：明治6年頃〜明治20年頃
　　　（c1873〜c1887）
画　像：鶏卵紙　55×86mm

　2階に窓が3つある角の店は、千登勢（千歳）という料理屋で、とても繁盛していたという。

尾張町2丁目から京橋方面を望む
撮影年：明治6年頃〜明治20年頃（c1873〜c1887）
画　像：鶏卵紙　52×83mm

　『大日本東京寫眞名所一覧表』より。左一番手前の建物は、尾張町2丁目9番にあった函館屋というカフェで、アイスクリームや氷、洋酒を出して新橋芸者に人気があった。遠方に見える白山という海苔屋の看板あたりの同町4番には、明

京橋区

治5年（1872）に丸善の洋家具「丸屋指物店」が開業している。政府の強引な欧化対策によって煉瓦造りとなった銀座通りは、最初は庶民の戸惑いもあり空き家が多かった。閑散としたこの通りが、大繁華街へと発展したのは明治20年頃のことである。

新橋から煉瓦街の眺め
撮影者：不詳　撮影年：明治6年頃～明治15年頃（c1873～c1882）　画　像：鶏卵紙　52×83mm
　東京の玄関口、新橋から銀座煉瓦街の眺めである。鉄道馬車はまだ開通していないようで、客待ちの乗合馬車や人力車がたくさん停まっている。

蓬萊橋と蓬萊社
撮影年：明治7年頃～明治20年頃
　　　　（c1874～c1887）
画　像：鶏卵紙　52×81mm
　橋の袂の建物は明治3年（1870）に後藤象二郎が興した為替会社蓬萊社。明治7年に日本橋区本町から木挽町に移転し、この壮大な建物が建てられた。新橋駅の真正面に位置する汐留橋も石橋に架け替えられ、蓬萊橋と名付けられた。

三十間堀と出雲橋
撮影年：明治4年頃～明治20年頃
　　　　（c1871～c1887）
画　像：鶏卵紙　53×82mm
　川の左が出雲町で、右側が蓬萊社から三十間堀沿いに進んだ所である。江戸時代に開削された京橋川と汐留川をつなぐ三十間堀にも河岸があって、商品を運ぶ舟や、屋形舟で賑わっていた。

京橋区

木挽町10丁目の電信中央局
撮影年：明治11年頃～明治20年頃（c1878～c1887）
画　像：鶏卵紙　53×83mm

　明治11年（1878）に開業したこの電信中央局で電話による公衆用の長距離通信が始まったのは、それから10年後のことであった。また国産の電話機は、明治11年に南金六町の諸器機製造人田中久重が、初めて輸入された電話機を見て推測で製造に成功したのが最初である。

```
＊90～91頁の写真は
撮影者：不詳
出　典：『大日本東京寫眞名所
　　　　一覧表』より。
```

木挽町8丁目の電信局
撮影年：明治5年頃～明治20年頃
　　　　（c1872～c1887）
画　像：鶏卵紙　54×86mm

　明治5年（1872）に置かれたこの電信局は、蓬莱社の裏側で汐留川沿いにあった。翌年には同じ敷地内に工部省電信修技学校が設立され、卒業生が各地の電信局に派遣されていった。

采女橋と采女町の精養軒
撮影年：明治5年頃～明治20年頃
　　　　（c1872～c1887）
画　像：鶏卵紙　53×84mm
　采女橋の右が采女町33番の精養軒。

＊92～93頁の写真は
　撮影者：不詳
　出　典：『大日本東京寫眞名所
　　　　　一覧表』より。

精養軒
撮影年：明治5年頃～明治20年頃
　　　　（c1872～c1887）
画　像：鶏卵紙　54×86mm
　明治5年（1872）に馬場先門で開業した精養軒は、開店日に起こった大火によって焼失してしまった。しかし、岩倉具視らの助けもあって、木挽町5丁目2番に建て直した。明治9年には上野にも支店を出すまでに至った。

訓盲院
撮影年：明治12年頃～明治20年頃
　　　　（c1879～c1887）
画　像：鶏卵紙　53×84mm
　この学校は、築地3丁目に明治12年（1879）12月に落成した。翌年から授業が開始されたが1年目の生徒は4人だったようだ。明治17年には訓盲啞院となり、明治20年には文部省の直轄となり東京盲啞学校と改称された。

明治会堂
撮影年：明治14年頃～明治20年頃
　　　　（c1881～c1887）
画　像：鶏卵紙　53×84mm
　明治14年（1881）に福沢諭吉の発案で馬場辰猪ら7名の発起人により設けられたこの擬洋風建築の演説会場は、木挽町2丁目14番に位置し、建坪がおよそ200坪で中央の講堂には1500の傍聴席があった。

京橋区

采女橋から見る再建中の築地本願寺
撮影者:不詳　撮影年:明治6年〜明治20年(1873〜1887)　画　像:鶏卵紙　53×83mm

　正式名を浄土真宗本願寺派本願寺築地別院というこの寺は、京都の西本願寺の別院である。明治5年(1872)、大火に襲われるが、写真はその大火後のようで、再建中からガス灯が置かれるまでの姿が窺い知れる。どの角度から見てもその壮大さが伝わってくる。明治9年に西洋建築にする計画もあったようだが実現せず、昭和9年(1934)に現在の古代インド仏教式になった。

堺橋と築地本願寺遠望
撮影年:明治4年頃〜明治20年頃(c1871〜c1887)　画　像:鶏卵紙　54×86mm

教官と生徒の記念撮影
撮影年：明治4年～明治20年
　　　　（1871～1887）
画　像：鶏卵紙　52×82mm

　明治4年に新築された校舎のバルコニーの中央に立つのは、初代海軍兵学校の兵学頭川村純義だろうか。

京橋区

海軍兵学寮（海軍兵学校）
撮影年：明治4年～明治20年
　　　　（1871～1887）
画　像：鶏卵紙　53×83mm

　明治2年（1869）に創設された海軍操練所は、翌年に海軍兵学寮、明治9年には海軍兵学校と改称され、明治21年には広島の江田島に移転する。海軍兵科将校を養成することを目的として、教育方針は訓練より学科第一主義であったといい、卒業生を欧米に留学させ、英国軍艦で実習をさせた。明治6年に顧問に就任した英国海軍少佐ダグラスは、「士官である前に紳士であれ」と日本海軍にマナーを教えたという。

＊94～95頁の写真は
撮影者：不詳
出　典：『大日本東京寫眞名所
　　　　一覧表』より。

海軍兵学寮（海軍兵学校）
撮影年：明治4年～明治6年
　　　　（1871～1873）
画　像：鶏卵紙　53×83mm

築地ホテル館
撮影年：明治4年頃～明治5年頃（c1871～c1872）　画　像：鶏卵紙　53×83mm
　慶応4年（1868）に落成したこのホテルは、築地居留地の外国人客用に建てられた。客室は102室で全室に暖炉が完備されていた。明治5年の大火で焼失した。

築地のフランスパンのチャリ舎か
撮影年：明治7年頃～明治20年頃
　　　　（c1874～c1887）
画　像：鶏卵紙　53×84mm
　写真を拡大して、右側に見える白い建物の壁に書かれたカタカナを読むと、どうやらパンや西洋食を売る店のようである。詳細はわからないが、築地には明治7年（1874）に開業したチャリ舎という店があった。

新湊橋とアメリカ公使館
撮影年：明治8年頃～明治20年頃
　　　　（c1875～c1887）
画　像：鶏卵紙　53×82mm
　新湊橋は、明治2年（1869）に架けられた築地居留地の新湊町と明石町を結ぶ橋である。橋の向こうに見える白い洋館は、明石町のアメリカ公使館。アメリカ公使館は明治8年にこの地に新築された。明治23年には赤坂に移転する。

京橋区

カトリック築地教会
撮影年：明治 11 年頃〜明治 20 年頃（c1878〜c1887）　画　像：鶏卵紙　53×82mm

　明治 7 年（1874）、築地居留地に司祭館と仮聖堂が建てられ、明治 11 年に、中央に見えるこのゴシック様式に建て直された。右端に見える建物は鐘塔。

築地居留地
撮影年：明治 5 年頃〜明治 20 年頃
　　　（c1872〜c1887）
画　像：鶏卵紙　52×81mm

　居留地 17 番から 6 番方向の眺めで、突き当りが隅田川にあたる。中央の三角屋根は、アメリカ人教会として明治 5 年（1872）に建てられたユニオンチャーチ、一番左が同年に造られた江戸ホテルであるが、このあたりは明治 10 年に東京一致神学校となる。

尾張橋と海軍省
撮影年：明治 4 年頃〜明治 20 年頃
　　　（c1871〜c1887）
画　像：鶏卵紙　54×83mm

　汐留橋付近から木挽町 8 丁目の角越しに尾張橋と海軍省を望む。

＊96〜97 頁の写真は
撮影者：不詳
出　典：『大日本東京寫眞名所
　　　　一覧表』より。

湊河岸から亀島川と京橋川の河口の眺め
撮影年：明治4年頃〜明治20年頃（c1871〜c1887） 画 像：鶏卵紙 54×86mm
　隅田川の河口である。対岸が石川島と佃島になる。日本各地から来航する船は、ここに停泊して荷物を小舟に移し替え、日本橋や京橋などの河岸に届けた。

弁才船
撮影年：明治4年頃〜明治20年頃（c1871〜c1887） 画 像：鶏卵紙 53×86mm

京橋区

河口の弁才船
撮影年：明治4年頃～明治20年頃
　　　　（c1871～c1887）
画　像：鶏卵紙　52×82mm

石川島と石川島灯台
撮影年：明治4年頃～明治20年頃
　　　　（c1871～c1887）
画　像：鶏卵紙　54×80mm

　隅田川河口の石川島と佃島の境にあるこの灯台は、慶応2年（1866）の築造。灯台の左側の白い塀があるところが、江戸時代に無宿人の社会復帰を目的に造られた人足寄場があった場所である。明治になって石川島監獄署となるが、更生の目的は引き継がれ、囚人に各種の仕事を習わせた。

石川島と石川島灯台遠望
撮影年：明治4年頃～明治20年頃
　　　　（c1871～c1887）
画　像：鶏卵紙　53×84mm

＊98～99頁の写真は
撮影者：不詳
出　典：『大日本東京寫眞名所
　　　　一覧表』より。

高橋
撮影年：明治15年頃～明治20年頃
　　　　（c1882～c1887)
画　像：鶏卵紙　52×85mm

　湊河岸から日本橋方向に亀島川を上がった一番目の橋である。江戸時代初期に架けられたこの橋は八丁堀町から越前堀町を渡し、今も存在する。この鉄橋が完成したのは明治15年（1882）の末で、東京府土木課御用掛り原口要が設計した。日本人が初めて設計した鉄橋とされる。

新富座（上・右下写真）
撮影年：明治11年頃～明治20年頃
　　　　（c1878～c1887)
画　像：鶏卵紙　上：54×81mm
　　　　　　　　右下：53×83mm

　明治11年（1878）に新築落成した新富座である。明治5年に浅草猿若町から移ってきた新富座は明治9年の大火で焼失していた。

＊100頁の写真は
　撮影者：不詳
　出　典：『大日本東京寫眞名所
　　　　　一覧表』より。

第6章

芝 区

　芝区といえば、壮大な増上寺がある。徳川家康の時代から、将軍家の菩提寺として、代々徳川家と深いつながりがあった寺院である。明治時代の廃仏毀釈運動により、明治7年（1874）、本堂が放火された。その後の再建は、資金不足で進まず、完成したのは焼失から17年後のことであった。また、増上寺から新橋方面にかけて、大名屋敷が多かったためか、仙台藩上屋敷跡は新橋駅となり、その他大名屋敷跡に線路が敷設され、明治5年に我が国最初の蒸気機関車が出発した。

愛宕山の男坂と女坂
撮影年：明治4年頃〜明治20年頃（c1871〜c1887）　画　像：鶏卵紙　53×85mm
　鳥居からまっすぐに山頂に続く石段は男坂、右のゆるやかな石段が女坂と呼ばれる。寛永11年（1634）に3代将軍徳川家光が増上寺参詣の帰り道、石段の下から山頂に咲く梅の枝を誰か採ってこいと命じ、曲垣平九郎が馬で男坂の石段を上り下りし、梅の枝を家光に献上したことでも有名である。

愛宕神社境内の表忠碑
撮影年：明治4年頃〜明治20年頃（c1871〜c1887）
画　像：鶏卵紙　53×83mm
　この表忠碑は、西南戦争で戦死した東京警視第二方面第一分署の警部及び巡査のために立てられた。

＊102〜103頁の写真は
撮影者：不詳
出　典：『大日本東京寫眞名所一覧表』より。

芝　区

愛宕山からの眺め
撮影年：明治4年頃～明治20年頃
　　　（c1871～c1887）
画　像：鶏卵紙　54×82mm

　この山頂から見渡す眺めは圧巻で、江戸時代は浮世絵などにもよく描かれた名所のひとつであった。明治になると、武家屋敷が建ち並んでいた市中の眺めが、少しずつその姿を変えてゆく。

愛宕山から増上寺方面
撮影年：明治4年頃～明治20年頃
　　　（c1871～c1887）
画　像：鶏卵紙　52×82mm

愛宕神社の拝殿
撮影年：明治4年頃～明治20年頃
　　　（c1871～c1887）
画　像：鶏卵紙　54×82mm

　標高26mほどの愛宕山の山頂に、慶長8年（1603）、徳川家康の命で創建された愛宕神社は、江戸の防火の神として火産霊命（ほむすびのみこと）を主祭神として祀る。また、火産霊命は天下取りの神としても知られる。

愛宕山から愛宕下方面の眺め
撮影年：明治10年頃〜明治20年頃（c1877〜c1887）　画　像：鶏卵紙　53×82mm
　右端の門は真福寺の山門。その門前右の商店が並ぶ長屋は、もとは長岡藩中屋敷の2階建ての長屋。

愛宕山から赤坂方面の眺め
撮影年：明治4年頃〜明治20年頃（c1871〜c1887）
画　像：鶏卵紙　53×83mm
　左上は江戸見坂のある高台で、その右には赤坂溜池にあった工部省が見える。

＊104〜105頁の写真は
撮影者：不詳
出　典：『大日本東京寫眞名所
　　　　一覧表』より。

芝 区

愛宕山から琴平町方面の眺め
撮影年：明治10年頃〜明治20年頃（c1877〜c1887） 画 像：鶏卵紙 53×83mm
　遠方に並ぶ洋館群は現・霞ヶ関にあった工部大学校。明治10年（1877）に工部大学校の本館が完成している。

御成門
撮影年：明治4年頃〜明治20年頃（c1871〜c1887）
画 像：鶏卵紙 54×84mm
　増上寺の裏門。将軍が参詣する際にこの裏門が使用されたため、御成門と呼ばれるようになった。

増上寺本堂
撮影年：明治4年頃～明治7年頃
　　　　（c1871～c1874）
画　像：鶏卵紙　54×84mm
　明治7年（1874）に放火される前の増上寺本堂。増上寺は、空海の弟子の宗叡が、麴町の江戸貝塚に建立した光明寺を前身とする。明徳4年（1393）に真言宗から浄土宗に改宗、浄土宗正統念仏道場として開基された。

増上寺の山門、三解脱門
撮影年：明治4年頃～明治20年頃
　　　　（c1871～c1887）
画　像：鶏卵紙　54×82mm
　増上寺の中門にあたる門。正式名称は三解脱門。元和8年（1622）に再建された。

大門より三解脱門の眺め
撮影年：明治4年頃～明治20年頃
　　　　（c1871～c1887）
画　像：鶏卵紙　53×84mm
　大門は増上寺の表門にあたる門。

東照宮安国殿と鳥居
撮影年：明治8年頃～明治20年頃
　　　　（c1875～c1887）
画　像：鶏卵紙　53×84mm
　明治8年（1875）に、神仏合同布教禁止の令が発せられ、大教院が閉鎖されるまでは、徳川家康が祀られた芝東照宮に仮大教院神殿が置かれていたようである。

芝　区

有章院の宝塔か
撮影年：明治4年頃～明治7年頃
　　　　（c1871～c1874）
画　像：鶏卵紙　56×85mm
　徳川7代将軍徳川家継（有章院）の霊廟の宝塔か。6代将軍家宣の第3子として宝永6年（1709）に出生。父の逝去後、わずか3歳で将軍職を継ぐが、8歳で亡くなった。

黒本尊堂
撮影年：明治4年頃～明治7年頃
　　　　（c1871～c1874）
画　像：鶏卵紙　53×85mm

＊106～107頁の写真は
撮影者：不詳
出　典：『大日本東京寫眞名所一覧表』より。

台徳院霊廟の第一の門
撮影年：明治4年頃～明治7年頃
　　　　（c1871～c1874）
画　像：鶏卵紙　53×84mm
　2代将軍徳川秀忠（台徳院）の霊廟。将軍職を18年間つとめ、寛永9年（1632）、54歳で死去した。

崇源院霊牌所
撮影年：明治4年頃～明治7年頃
　　　　（c1871～c1874）
画　像：鶏卵紙　53×84mm
　徳川2代将軍徳川秀忠の御台所・江与（崇源院）の霊廟。

増上寺文昭院霊廟の勅額門
撮影年：明治4年頃～明治20年頃
　　　（c1871～c1887)
画　像：鶏卵紙　53×84mm

　徳川6代将軍徳川家宣を祀る文昭院霊廟の勅額門。将軍として、新井白石等を重用して、生類憐みの令を廃止するなど、「正徳の治」をなしとげるが、将軍在職わずか3年で病に倒れ、正徳2年（1712）、51歳の生涯を閉じた。

文昭院霊廟の仕切門
撮影年：明治4年頃～明治20年頃
　　　（c1871～c1887)
画　像：鶏卵紙　54×83mm

文昭院霊廟の奥の院唐門
撮影年：明治4年頃～明治20年頃
　　　（c1871～c1887)
画　像：鶏卵紙　53×84mm

文昭院霊廟の二天門
撮影年：明治4年頃～明治20年頃
　　　（c1871～c1887)
画　像：鶏卵紙　53×84mm

＊108～109頁の写真は
撮影者：不詳
出　典：『大日本東京寫眞名所
　　　一覧表』より。

芝 区

増上寺　龍柱門（御霊屋門）
撮影年：不詳　画　像：鶏卵紙に手彩色
　増上寺の御霊屋門。奥は徳川家７代将軍家継を祀る有章院霊廟があった。現在の東京プリンスホテル辺りだが、この貴重な芸術建造物も戦災で焼失してしまった。

増上寺　龍柱門
撮影年：明治３年頃
　　　　（c1870）
画　像：鶏卵紙

増上寺　霊廟門
撮影者：スティルフリード　撮影年：明治4年頃（c1871）　画　像：鶏卵紙に手彩色　400×495mm

増上寺　霊廟入口
撮影者：スティルフリード
撮影年：明治4年頃（c1871）
画　像：鶏卵紙に手彩色
　　　　398×450mm

増上寺　龍柱門
撮影者：スティルフリード　撮影年：明治4年頃（c1871）
画　像：鶏卵紙に手彩色　390×450mm

芝　区

増上寺　龍柱門（御霊屋門）
撮影者：不詳　撮影年：明治初期　画　像：鶏卵紙に手彩色　207×256mm

　写真右の門は7代将軍家継の霊廟の有章院勅額門という。前後4本の柱には龍が巻きついている見事な彫刻があるので、別名「龍柱門」とも呼ばれた。

増上寺　安国殿の鷹門
撮影者：スティルフリード
撮影年：明治4年頃（c1871）
画　像：鶏卵紙　192×235mm

芝大神宮（焼失前）
撮影年：明治4年頃～明治9年頃（c1871～c1876）
画　像：鶏卵紙　54×88mm
　関東のお伊勢さまとして平安時代から人々に崇敬された。江戸時代には、増上寺に近いことから参詣者が増え、浮世絵や江戸名所図会に描かれるほど賑わった。

再建された芝大神宮
撮影年：明治10年頃～明治20年頃
　　　　（c1877～c1887）
画　像：鶏卵紙　53×82mm
　明治元年（1868）、明治天皇が江戸城に入る最初の東幸の時に休息され、その後、准勅祭社となった。翌年には、朝廷より止雨祈禱の依頼を受けたという。明治9年に焼失し、翌年に再建されている。

紅葉館
撮影年：明治14年頃～明治20年頃
　　　　（c1881～c1887）
画　像：鶏卵紙　51×81mm
　紅葉館は、増上寺の境内の一部であった紅葉山が公園指定となり、そこに資産家や実業家13名の出資によって、明治14年（1881）に設立された。後に、この地に東京タワーが建てられた。

芝 区

紅葉館　便殿
撮影年：明治4年頃～明治20年頃
　　　　（c1871～c1887）
画　像：鶏卵紙　54×82mm

　紅葉館の離れ座敷。第1回内国勧業博覧会で明治天皇が休息された建物を移築した。昭和20年（1945）の東京空襲で焼失した。

泉岳寺山門
撮影年：明治4年頃～明治20年頃
　　　　（c1871～c1887）
画　像：鶏卵紙　85×52mm

　慶長17年（1612）、徳川家康によって外桜田に創建された曹洞宗泉岳寺は、寛永の大火（1638）によって焼失し、寛永18年（1641）に現在の地に移転した。赤穂藩主であった浅野家は、3代将軍徳川家光の命により、この移転の際に檀家になった。忠臣蔵で有名な赤穂藩主浅野長矩をはじめ、赤穂義士四十七士など赤穂藩に関わる墓が多くあることで知られる寺である。山門は天保年間（1830～1844）に再建され、江戸の名所となった。

```
＊112～113頁の写真は
撮影者：不詳
出　典：『大日本東京寫眞名所
　　　　一覧表』より。
```

瑶泉院
撮影年：明治4年頃～明治20年頃
　　　　（c1871～c1887）
画　像：鶏卵紙　53×82mm

　赤穂藩主浅野長矩公夫人、瑶泉院の墓。

芝 区

新橋の商家
撮影者：不詳
撮影年：1900年代
画　像：鶏卵紙に手彩色

　肩を擦り寄せた古めかしい商家の家並みのなかに、現在も営業してる佃煮の老舗玉木屋がある。長い間、商いの風雪に耐えてきたのれんが誇らしげに客を呼ぶ。

品川
撮影者：フェリーチェ・ベアト　撮影年：文久3年〜明治2年（1863〜1869）
画　像：鶏卵紙　190×240mm

　御殿山付近から高輪、三田方面の眺めである。現在の八ツ山橋付近からの撮影で、手前の柵に囲まれた道路が東海道になる。明治になるとこのあたりに品川駅が建てられ、海岸沿いを埋めたてて新橋と横浜を結ぶ線路が造られる。

右上／品川駅の跨線橋とホーム
　　画　像：鶏卵紙　53×83mm
左下／品川駅より横浜方面の眺め
　　画　像：鶏卵紙　53×81mm
右上／品川駅より新橋方面の眺め
　　画　像：鶏卵紙　52×82mm
　　撮影年：明治5年頃〜明治20年頃
　　（c1872〜c1887）

芝 区

高輪より台場の眺め
撮影年：明治4年頃～明治20年頃
　　　（c1871～c1887）
画　像：鶏卵紙　54×85mm

　台場は、幕府によって造られた、黒船の来襲に備えた砲台島である。安政元年（1854）に第1,2,3,5,6番が完成したが、第4,7番は、日米和親条約が締結され、建設が途中で停止された。

東京府病院
撮影年：明治7年頃～明治14年頃
　　　（c1874～c1881）
画　像：鶏卵紙　54×83mm

　病院は、明治天皇の意向で貧困者のためにと、明治7年（1874）に宮内省から1万円を賜り開設された、内務省管轄下の病院である。明治14年に廃院となるが、翌年に有志共立東京病院がここに開院され、その後、看護婦教育所が付設される。明治20年には昭憲皇太后を総裁に迎え、東京慈恵医院と改称された。

元神明宮（天祖神社）
撮影年：明治4年頃～明治20年頃
　　　（c1871～c1887）
画　像：鶏卵紙　85×53mm

　天照大御神を祭神とするこの神社は、平安時代に一条天皇の勅命によって、寛弘2年（1005）に創建された。平安時代中期の武将渡辺綱や江戸時代は徳川家に崇敬された。三田に位置するこの神社には、相殿として水天宮が祀られているが、これは東側に隣接していた赤羽の有馬邸が、明治元年（1868）に青山に移転する際、邸内に祀られた久留米水天宮が分祀されたものである。

> ＊116頁上以外の116～117頁写真は
> 　撮影者：不詳
> 　出　典：『大日本東京寫眞名所一覧表』より。

工部省赤羽工作分局

撮影年：明治6年頃～明治16年頃
　　　　（c1873～c1883）
画　像：鶏卵紙　54×83mm

　明治元年（1868）に青山へ移転した久留米藩主有馬家の屋敷跡に、工部省は機械製作工場として赤羽の工作分局を設立した。明治4年には工部省製鉄寮、明治6年に赤羽製作所となり、翌年に赤羽工作分局と改称されたが、明治16年にこの分局は廃止され、工場設備は海軍省兵器局となった。

勧農局三田育種場か

撮影年：明治10年頃～明治20年頃
　　　　（c1877～c1887）
画　像：鶏卵紙　53×83mm

　内務省は、明治10年（1877）に三田にあった薩摩藩邸の跡地に、勧農局三田育種場を設立した。西洋の種苗や農具の輸入、その実験と普及にあたる施設である。

旧有馬邸の火の見櫓

撮影年：明治4年頃～明治20年頃
　　　　（c1871～c1887）
画　像：鶏卵紙　82×54mm

　江戸時代、増上寺の警備を仰せつかっていた久留米藩主有馬家は、赤羽にあった屋敷の丘に、江戸で一番の高い火の見櫓を建てたといわれる。広重にも描かれた江戸名所のひとつであるが、維新後は政府にその屋敷を接収され、火の見櫓も解体となった。

芝　区

東京府瓦斯局
撮影年：明治9年頃〜明治18年頃
　　　　（c1876〜c1885）
画　像：鶏卵紙　53×83mm

　明治7年（1874）、東京にガス灯が設置された。京橋から金杉橋まで50mごとにガス灯を置き、翌年には万世橋、数寄屋橋、浅草方面にも広げていった。明治9年に東京会議所が解散して、そのガス工場は東京府に引き渡され、東京府瓦斯局となった。明治18年には東京瓦斯会社となる。後の東京ガスである。

東京府瓦斯局と工場
撮影年：明治4年頃〜明治20年頃
　　　　（c1871〜c1887）
画　像：鶏卵紙　53×85mm

東京府瓦斯局と工場
撮影年：明治4年頃〜明治20年頃
　　　　（c1871〜c1887）
画　像：鶏卵紙　54×84mm

＊118〜119頁の写真は
撮影者：不詳
出　典：『大日本東京寫眞名所
　　　　一覧表』より。

浜離宮　大手門と大手橋（南門橋）
撮影年：明治4年頃～明治20年頃（c1871～c1887）　画　像：鶏卵紙　53×85mm

　徳川将軍家の鷹狩場であったこの地は、徳川綱豊が、後に徳川家宣として6代将軍となったのを契機に、その屋敷が浜御殿と呼ばれ将軍家の別邸となる。以来、歴代将軍により造園と改修工事が加えられ、現在の庭園の形が完成していったという。

浜離宮　大手門内
撮影年：明治4年頃～明治20年頃
　　　（c1871～c1887）
画　像：鶏卵紙　53×85mm

＊120頁の写真は
撮影者：不詳
出　典：『大日本東京寫眞名所一覧表』より。

浜離宮　延遼館
撮影年：明治4年頃～明治20年頃
　　　（c1871～c1887）
画　像：鶏卵紙　54×86mm

　明治になると宮内省の管轄となり建物の中の一つが延遼館と名付けられ、外国人の接待用に使われた。そして浜御殿は、皇室の離宮となり浜離宮と改称された。

芝 区

浜離宮
撮影者：フェリーチェ・ベアト
撮影年：文久3年～明治2年（1863～1869）　画 像：鶏卵紙　232×282mm

浜離宮　庭園
撮影者：フェリーチェ・ベアト
撮影年：文久3年～明治2年
　　　（1863～1869）
画 像：鶏卵紙
　　　221×285mm

新橋駅付近
撮影者：不詳
撮影年：明治4年頃～明治20年頃（c1871～c1887）
画　像：鶏卵紙
　遠方に見える建物が新橋駅。新橋—横浜間に鉄道が開通したのは明治5年（1872）で、近代的交通機関の幕開けとなった。

第7章
麻布区

　明治11年（1878）に区画整理された芝区、麻布区、赤坂区は、現在の港区にあたる。江戸時代には、武家屋敷が多くあった場所だったが、明治になるとすぐに屋敷は政府に接収され、そこへ次々と近代的な施設が置かれた。そのため機械工場や気象台、ガス工場や病院なども建てられた。崩壊した徳川幕府と、駆け足で前進しようとする明治政府の姿が、写しだされている。

麻布区

麻布永坂の信州更科蕎麦処　布屋太兵衛
撮影者：不詳　撮影年：明治４年頃～明治20年頃（c1871～c1887）
画　像：鶏卵紙　52×77mm
　『大日本東京寫眞名所一覧表』より。古くから開業した更科そば屋で、『新撰東京名所図絵』にも紹介された名店である。

麻布一本松の眺め
撮影者：不詳
撮影年：明治4年頃〜明治20年頃（c1871〜c1887）
画　像：鶏卵紙　53×82mm

　『大日本東京寫眞名所一覧表』より。現在の港区元麻布1丁目と同2丁目の間を北東から南西へ上る坂道。江戸時代、『江戸名所図会』にも紹介されるほどの名所であったのであろう。

麻布氷川神社
撮影者：不詳
撮影年：明治4年〜明治6年
　　　　（1871〜1873）
画　像：鶏卵紙　53×83mm

　『大日本東京寫眞名所一覧表』より。麻布の総鎮守氷川神社は、源経基が天慶5年（942）に、一本松をご神木とし、境内2,000坪余を勧請して創建したとされる。江戸城を築いた太田道灌も厚く崇敬していたという。江戸氷川七社のひとつである。[※区としては赤坂区にあるが、『大日本東京寫眞名所一覧表』に基づく]

第8章
赤坂区

　江戸時代には、武家屋敷が多く、明治になると鉄道が敷かれていった。現在の迎賓館赤坂離宮も、明治政府が接収した紀州藩徳川家の屋敷を、火災に遭った西の丸の代りにと、天皇に献上し仮皇居として使われた場所である。古くからあった建物は取り壊され、立派な洋館が建ちはじめ、その風景を変えていった。

赤坂門

撮影者：下岡蓮杖
撮影年：明治4年（1871）
画　像：鶏卵紙　176×216mm

　スティルフリードのアルバムより。江戸城の外曲輪にあった門で、高麗門と25間×4間の櫓門をもつ内枡形を形成していた。その櫓門の桁行25間は江戸城では最大級であった。だが、櫓門は、明治4年（1871）5月に、高麗門はその翌年11月に取り壊された。

赤坂区

赤坂門

撮影者：不詳
撮影年：明治5年頃～明治20年頃
　　　　（c1872～c1887)
画　像：鶏卵紙　96×140mm

　『大日本東京寫眞名所一覧表』より。赤坂門を形成する高麗門も櫓門も取り壊されている。

虎ノ門
撮影者：横山松三郎　撮影年：明治4年（1871）　画像：鶏卵紙　53×85mm

　外曲輪にあった門で、高麗門と17間×4間の櫓門をもつ内枡形を形成していた。櫓門は享保16年（1731）に焼失。溜池側の水量調節のための橋台から小滝が流れる。

虎ノ門
撮影年：明治6年頃～明治20年頃
　　　（c1873～c1887）
画　像：鶏卵紙　55×85mm

　虎ノ門は明治6年（1873）に撤去された。この写真には、残された石垣の向こうに、明治6年に建てられたとされるロシア公使館が見える。

溜池から虎ノ門方面に流れる堰
撮影者：不詳
撮影年：明治4年頃～明治20年頃
　　　（c1871～c1887）
画　像：鶏卵紙　54×81mm
『大日本東京寫眞名所一覧表』より。

赤坂区

江戸見坂から虎ノ門方面の眺め
撮影者：不詳　撮影年：明治4年頃〜明治20年頃（c1871〜c1887）
画　像：鶏卵紙　82×52mm
『大日本東京寫眞名所一覧表』より。中央遠方は工部大学校。

江戸見坂
撮影年：明治4年頃〜明治20年頃（c1871〜c1887）
画　像：鶏卵紙　54×83mm
　左が内務省地理寮。明治10年（1877）に内務省地理局と改称。

豊川稲荷社
撮影年：明治20年頃（c1887）
画　像：鶏卵紙　54×86mm
　赤坂にある豊川稲荷社は、名奉行として名高い大岡忠相が深く信仰していたと伝えられる。明治20年（1887）に、現在の場所に移された。

*132〜133頁の写真は
撮影者：不詳
出　典：『大日本東京寫眞名所
　　　　一覧表』より。

赤坂区

溜池葵町にあった工部省
撮影年：明治4年頃～明治18年頃（c1871～c1885）　画　像：鶏卵紙　53×83mm

　工部省は、明治3年（1870）に鉄道や造船、鉱山や製鉄、電信、灯台など先進国の新技術を導入して大規模な事業を行うために設置された。初代工部卿には、当時29歳の伊藤博文が就任し、お雇い外国人によって、日本人の人材を養成した。明治18年に廃止となる。

工部省構内の建物
撮影年：明治4年頃～明治11年頃
　　　（c1871～c1878）
画　像：鶏卵紙　52×84mm

　明治3年（1870）に工部省に置かれた鉱山司は、同年に鉱山掛、翌年に鉱山寮、明治10年に鉱山局となる。工部省構内の外堀側の角にあった鉱山局は、明治11年に霊南坂下に移転し、その建物には工部美術学校が入ったとされる。

工部省正門
撮影年：明治4年頃～明治20年頃
　　　（c1871～c1887）
画　像：鶏卵紙　52×84mm

　工部省が廃止された後、明治19年（1886）に、この建物には海軍省が移転してくる。

紀伊国坂沿いの太政官東門
撮影年：明治4年頃～明治20年頃（c1871～c1887）　画　像：鶏卵紙　53×83mm

　仮皇居（後の赤坂離宮）。皇城となった旧江戸城の西の丸は、明治6年（1873）に火災に遭い、敷地内にあった宮内省と太政官とともに焼失した。即日、旧紀州藩主徳川家の屋敷と旧丹波篠山藩青山家の屋敷であった場所が、明治政府より献上され仮皇居とされた。太政官は、馬場先門内の旧教部省の庁舎に移ることになるが、明治10年に当時の内務卿である大久保利通が、皇居と太政官の間に距離があるのは不都合として、仮皇居の敷地内に移転させる。翌年には、木造洋式2階建ての庁舎が新築され、明治18年に内閣制度が発足するまで太政官が置かれていた。この場所は、明治宮殿が落成した後の明治22年まで、仮皇居として使用されていた。

太政官構内から見た門
撮影年：明治4年頃～明治20年頃
　　　（c1871～c1887）
画　像：鶏卵紙　54×84mm

　紀伊国坂沿いにやや東南にあった門。

赤坂区

喰違見附方面から見た太政官の門
撮影年：明治4年頃〜明治20年頃（c1871〜c1887）　画　像：鶏卵紙　52×82mm

仮皇居の門
撮影年：明治4年頃〜明治20年頃
　　　　（c1871〜c1887）
画　像：鶏卵紙　53×84mm

仮皇居の門
撮影年：明治4年頃〜明治20年頃
　　　　（c1871〜c1887）
画　像：鶏卵紙　54×83mm

＊134〜135頁の写真は
撮影者：不詳
出　典：『大日本東京寫眞名所
　　　　一覧表』より。

東京鎮台歩兵第一連隊の門と兵舎
撮影年:明治7年頃〜明治20年頃(c1874〜c1887)　画　像:鶏卵紙　53×84mm

東京鎮台歩兵第一連隊の門と連隊本部
撮影年:明治7年頃〜明治20年頃(c1874〜c1887)
画　像:鶏卵紙　51×82mm

　檜町に位置するこの地は、もともとは萩藩毛利家の屋敷があった場所である。その後、火除地となったが、明治7年(1874)に東京鎮台歩兵第一連隊の駐屯地となった。現在の東京ミッドタウンの場所である。

* 136頁の写真は
撮影者:不詳
出　典:『大日本東京寫眞名所一覧表』より。

第9章
牛込区・四谷区

麹町区

　牛込区は、現在の新宿区の東部にあたり、市谷に防衛省がある。江戸時代には尾張藩徳川家の上屋敷があり、御殿と楽々園と名付けられた庭園が造られた壮大な屋敷であった。

　四谷区は、四谷門の外郭には武家屋敷が密集していた。

牛込門

撮影者:横山松三郎　撮影年:明治4年（1871）
画　像:鶏卵紙　53×84mm

　外曲輪にあった門で、高麗門と21間×4間の櫓門をもつ内枡形を形成していた。橋より右に進めば神楽坂。市ヶ谷門側より流れる小滝が見える。現在、JR飯田橋を出ると、牛込門枡形の櫓門の石垣が残っている。

牛込区・四谷区

江戸川(神田川)に架かる船河原橋付近からの眺め

撮影者:不詳 撮影年:明治4年頃~明治20年頃(c1871~c1887) 画像:鶏卵紙 52×82mm
『大日本東京寫眞名所一覧表』より。現在は神田川と呼ばれる江戸川の水は、小石川区の関口から牛込区と小石川区の間を通り、河口にある船河原橋をくぐって外堀の神田川へと流れ込む。写真は、船河原橋付近から江戸川の上流に架かる隆慶橋の眺めだろうか。そうであれば、川の左が牛込区の下宮比町と新小川町、右は小石川区の新諏訪町と小石川江

牛込区・四谷区

戸川町、そして遠方が小石川水道町あたりとなる。川には堰が築かれている。船河原橋のあたりには、関口からの水位を上げるためと、海水が江戸川に入り込むのを防ぐため、江戸時代に堰が造られた。流れ落ちる水の音がどんどんと響くので船河原橋は、どんど橋とも呼ばれた。江戸川は禁漁だったが、その堰から落ちる魚は獲っても許されていたようで美味しい鯉が釣れて賑わったそうだ。左の河岸には古くなった人力車が捨てられている。

陸軍士官学校
撮影年：明治5年頃〜明治20年頃（c1872〜c1887）　画　像：鶏卵紙　53×83mm
　市谷のこの高台は、明暦2年（1656）に2代尾張藩主・徳川光友が拝領した土地だった。その翌年には、明暦の大火で吹上にあった同家の上屋敷が、ここへ移された。明治になると、陸軍用地となり、明治7年（1874）に陸軍士官学校が開校した。現在の防衛省と自衛隊駐屯地に位置する。

市谷八幡神社（亀岡八幡）
撮影年：明治4年頃〜明治20年頃（c1871〜c1887）
画　像：鶏卵紙　53×85mm
　太田道灌が鎌倉の鶴岡八幡宮を勧請し、江戸城の鎮守として文明10年（1478）に建てた神社である。最初は市谷御門内にあったが、寛永年間（1624〜1643）に外堀工事のため、現在の位置に移築された。

＊142〜143頁の写真は
撮影者：不詳
出　典：『大日本東京寫眞名所
　　　　一覧表』より。

牛込区・四谷区

築土神社と筑土八幡神社
撮影年：明治4年頃～明治20年頃（c1871～c1887）　画　像：鶏卵紙　54×87mm

　左に築土神社の鳥居、右に筑土八幡神社の門が写されている。右側の筑土八幡神社は、戦国時代、江戸城主・上杉朝興が社殿を建て、江戸鎮護の神としたと伝わる。この二つの神社は、第二次世界大戦で全焼し、筑土八幡神社は同じ場所に再建されたが、築土神社は九段へ移された。今はもう隣り合わせに鎮座したこの光景を見ることはできない。

築土神社（津久戸明神社）
撮影年：明治4年頃～明治20年頃（c1871～c1887）　画　像：鶏卵紙　54×87mm

　将門を信仰する象徴的な神社として江戸三社の一つに数えられたが、明治7年（1874）に教部省は、ここを築土神社と改称し、天津彦火邇邇杵命を勧請して主祭神とした。昭和の戦災で社宝の多くが焼失する。

赤城神社

撮影年：明治4年頃～明治20年頃
　　　　（c1871～c1887）
画　像：鶏卵紙　54×86mm

　正安2年（1300）に群馬県にある赤城神社より勧請された神社である。最初は早稲田にあったが、牛込に移され、弘治元年（1555）に牛込氏が現在の神楽坂の場所に移した。写真の鳥居は、江戸中期に造られたものである。現在は新しい鳥居が建っている。

筋違橋門

撮影者：横山松三郎
撮影年：明治4年（1871）
画　像：鶏卵紙　53×85mm

　外曲輪にあった門で、高麗門と21間×4間の櫓門をもつ内枡形を形成していた。現在の昌平橋の下流にあったこの門の石垣は明治6年（1873）架橋の万世橋に使用。

```
＊144頁の上写真は
撮影者：不詳
出　典：『大日本東京寫眞名所
　　　　一覧表』より。
```

小石川区

第10章
小石川区

　小石川区と本郷区は、現在の文京区を二分していた。江戸時代には御三家・水戸藩徳川家の上屋敷と中屋敷が置かれて、広大な敷地に優美な庭園を誇る屋敷であった。その後、明治新政府に接収され、上屋敷は兵器を製造する砲兵本廠になり、名園といわれた壮麗な後楽園という庭園だけを残して、日本の軍事の近代化を目指す施設が置かれた。現在では、庭園の一部は小石川後楽園として残り、屋敷地のほとんどは後楽園遊園地などに変わった。

小石川門と小石川橋
撮影者：横山松三郎　撮影年：明治4年（1871）
画　像：鶏卵紙　53×84mm
　外曲輪にあった門で、高麗門と24間×4間の櫓門をもつ内枡形を形成していた。この門は寛政4年（1792）に焼失し、高麗門のみが再建された。

小石川区

水道橋から水戸藩徳川家の上屋敷を望む
撮影者：不詳　撮影年：明治2年頃（c1869）
画　像：鶏卵紙　55×91mm

　　『大日本東京寫眞名所一覧表』より。水道橋から小石川橋方面の眺めである。右側に見える水戸藩徳川家の上屋敷は、明治2年（1869）に新政府に接収され、次第に取り壊されてゆく。明治4年、陸軍用地とされたこの屋敷内の書院には、造兵司の事務所が最初に置かれた。写真には、槍を立てたまま通れたという大棟門とその両脇に連なる御長屋が見える。敷地内では、寛永6年（1629）に初代水戸藩主徳川頼房が築いて以来、見事な庭園に造り上げられた後楽園の木々が、風に揺れてざわめいているようだ。

小石川橋と砲兵工廠（左写真）
撮影者：不詳　撮影年：明治4年頃～明治20年頃（c1871～c1887）
画　像：鶏卵紙　55×87mm

　　『大日本東京寫眞名所一覧表』より。外堀の神田川に架かる小石川橋の向こうには、ほぼ完成したと思われる砲兵工廠の建物が写されている。左から煉瓦造りの2階建ての建物が銃器倉庫2号、白い壁の2階建てが砲兵会議所、白い平屋が鏃工場、門のすぐ右側が本局、白い壁の2階建てが砲具庫1号であろう。右端には砲具庫2号が少しだけ見えている。

147

水道橋から砲兵工廠を望む
撮影者：不詳　撮影年：明治4年頃～明治20年頃（c1871～c1887）
画　像：鶏卵紙　55×91mm

『大日本東京寫眞名所一覧表』より。水道橋から水戸藩徳川家の上屋敷を望む写真（147頁参照）より、少し角度は違うがほぼ同じ方面を写している。中央の2階建ての白い建物が砲具庫2号で、その後ろにある同

小石川区

じ造りの建物が砲具庫1号である。門は完全に取り払われているが、砲具庫の右側に見える建物は上屋敷の大棟門に連なっていた御長屋のようだ。塀で1階部分は隠れているが、砲具庫と比べると小さく見える。

歩兵が立つ砲兵工廠正門

撮影年：明治4年頃～明治20年頃
　　　　（c1871～c1887）
　画　像：鶏卵紙　53×84mm

　右側の門の背景には、上屋敷の大きな建物の屋根が写っている。そのすぐ左の柵の後ろには砲兵会議所の1階と2階の窓が見える。門ができたばかりの時期だろう。

砲兵工廠の正門

撮影年：明治4年頃～明治20年頃
　　　　（c1871～c1887）
　画　像：鶏卵紙　53×84mm

　上の写真と同じ門を正面から写している。門の柵の背景には、上屋敷の大きな建物が見えない。もう取り壊されてしまったのかもしれない。代わりに「小石川橋と砲兵工廠」(146頁)の写真に写る砲兵会議所の小さな煙突がある建物が見える。

小石川橋と銃器倉庫

撮影年：明治5年頃～明治20年頃
　　　　（c1872～c1887）
　画　像：鶏卵紙　53×82mm

　小石川橋は、明治5年（1872）に撤去され、新しく架けなおされた。

小石川区

護国寺の本堂
撮影年：明治4年頃～明治20年頃（c1871～c1887）
画　像：鶏卵紙　54×85mm

　音羽町にあるこの寺は、天和元年（1681）に5代将軍・徳川綱吉の生母である桂昌院の願いで建てた寺である。享保2年（1717）には、火災で全焼した神田の護持院が幕府の命で合併した。将軍家祈願の寺として、江戸の名所となり人々に親しまれた。

護国寺の石段
撮影年：明治4年頃～明治20年頃
　　　　（c1871～c1887）
画　像：鶏卵紙　52×84mm

護国寺の仁王門
撮影年：明治4年頃～明治20年頃
　　　　（c1871～c1887）
画　像：鶏卵紙　52×82mm

伝通院　山門と本堂
撮影年：明治4年頃～明治20年頃
　　　　（c1871～c1887）
画　像：鶏卵紙　54×86mm

　ここには、徳川家康の生母であるお大の方が眠っている。本来は無量山寿経寺という名称である。お大の方の法名を伝通院殿蓉誉光岳智香大禅定尼と定めたので、この寺の院号が伝通院となった。江戸時代、増上寺に次ぐ徳川将軍家の書経所次席となる。明治41年（1908）に本堂が焼失してしまう。

伝通院　福聚殿
撮影年：明治4年頃～明治20年頃
　　　　（c1871～c1887）
画　像：鶏卵紙　53×83mm

　伝通院の塔頭であった大黒天が安置されていた。

＊152頁の写真は
撮影者：不詳
出　典：『大日本東京寫眞名所一覧表』より。

牛天神社
撮影年：明治4年頃～明治20年頃
　　　　（c1871～c1887）
画　像：鶏卵紙　54×85mm

　菅原道真を祭神とするこの神社は、北野神社、金杉神社とも呼ばれる。源頼朝は、元暦元年（1184）に現在よりも少し東側に創建したが、その場所は寛永6年（1629）に水戸藩徳川家に下賜され、小石川邸（1657年の明暦の大火後に上屋敷となる）が建設されることになり、元の位置から移されたという。

第 11 章

本郷区

　明治 11 年（1878）11 月 2 日に区画整理された本郷区は、現在の文京区を二分し、昭和 22 年（1947）3 月 15 日、小石川区と合併して文京区が新設された。この辺りにある大きな建物といえば、東京大学がある。大学の敷地は、加賀藩前田家上屋敷や富山藩や大聖寺藩（ともに前田家）の屋敷跡によって占められていた。

　江戸時代から幕府の官学の府ともいうべき湯島聖堂、昌平坂学問所などがこの地区にあり、当時から教育の町であった。

神田上水の掛樋

撮影者：不詳　撮影年：明治4年頃～明治20年頃（c1871～c1887）　画　像：鶏卵紙　53×82mm

『大日本東京寫眞名所一覧表』より。井の頭池を水源とする神田上水は、小石川区の関口で二分され、半分は江戸川を流れて外堀の堀水となる。もう半分は石垣で築いた白堀と呼ばれる水路を通り、まず、水戸藩徳川家の小石川邸（後の上屋敷）へ給水し、そこから石樋で地下を流れ、水道橋の掛樋で神田川を渡る。そして樋を使った水道網で神田の武

本郷区

家地や道三堀北側の大名屋敷などに給水し、最後に残った水が町人地へ流れる仕組みだった。徳川家康の時代に施工が始まり、拡張発展を繰り返し、寛永年間（1624～1643）には完成していた。明治になっても神田上水はそのまま使われていたが、管理が新政府になると整備がすぐに整わず汚染が進行した。その後、浄水場を設けた改良水道が完成し、明治34年（1901）に神田上水は完全に廃止された。

順天堂付近から見る神田上水の掛樋
撮影年：明治4年頃～明治20年頃（c1871～c1887）
画　　像：鶏卵紙　55×90mm

水道橋と神田上水の掛樋
撮影年：明治4年頃～明治20年頃（c1871～c1887）
画　　像：鶏卵紙　54×87mm

本郷区

金刀比羅神社
撮影年：明治4年頃〜明治20年頃
　　　（c1871〜c1887）
画　像：鶏卵紙　53×85mm

　明治4年（1871）に飯田橋の高松藩松平家の上屋敷から、水道橋にあった同家の下屋敷に遷座された金刀比羅神社である。現在はこの場所に、金刀比羅宮直轄境外末社・東京分社とこの金刀比羅神社の両社がともに祀られている。

湯島聖堂　仰高門
撮影年：明治4年頃〜明治20年頃
　　　（c1871〜c1887）
画　像：鶏卵紙　54×86mm

　湯島聖堂は、元禄3年（1690）5代将軍徳川綱吉が、儒学の振興を図るため、創建したのが始まりである。寛政9年（1797）に私塾は幕府官立となり、昌平坂学問所（昌平黌）と改称され、旗本の諸士を教育する場所となった。明治になると昌平学校、昌平大学校、昌平大学と改称され、明治4年（1871）には閉鎖された。

湯島聖堂　仰高門正面
撮影年：明治4年頃〜明治20年頃
　　　（c1871〜c1887）
画　像：鶏卵紙　53×83mm

＊156〜157頁の写真は
撮影者：不詳
出　典：『大日本東京寫眞名所一覧表』より。

東京師範学校
撮影年：明治7年頃～明治20年頃
　　　　（c1874～c1887）
画　像：鶏卵紙　53×82mm

　明治7年（1874）に新築された東京師範学校校舎と門。

冠木門が残る東京師範学校
撮影年：明治4年頃～明治20年頃
　　　　（c1871～c1887）
画　像：鶏卵紙　54×86mm

　文部省は、明治5年（1872）に常盤橋に移転し、文部省があった昌平坂学問所跡へ師範学校を置いた。第1回目の入学試験では、応募者300名余のうち、54名の合格者が出た。明治6年に東京師範学校と改称された。

東京女子師範学校
撮影年：明治4年頃～明治20年頃
　　　　（c1871～c1887）
画　像：鶏卵紙　52×82mm

　この学校は、女性を欧米諸国に倣って児童を教育する教師に育成するために、明治7年（1874）に設立された。翌年には、昭憲皇太后より内庫金、5,000円を下賜される。お茶の水女子大学の前身である。

東京女子師範学校
撮影年：明治4年頃～明治20年頃
　　　　（c1871～c1887）
画　像：鶏卵紙　52×81mm

＊158～159頁の写真は
撮影者：不詳
出　典：『大日本東京寫眞名所
　　　　一覧表』より。

本郷区

東京女子師範学校附属幼稚園
撮影年：明治9年頃～明治20年頃
　　　　（c1876～c1887）
画　像：鶏卵紙　52×84mm

　文部省は、東京女子師範学校の構内に附属幼稚園を、明治9年（1876）の末に開園した。日本初の幼稚園だ。75名の園児を集め、教育法は、日常の器物や動物の名前を覚えさせる物品科、色彩などを教える美麗科、球や鎖、粘土などで知識を広げる知識科の3つに分けた保育であった。

順天堂医院
撮影年：明治4年頃～明治20年頃
　　　　（c1871～c1887）
画　像：鶏卵紙　54×86mm

　この病院は、佐藤泰然が天保9年（1838）に薬研堀に創設した和田塾という蘭方医学塾が前身である。和田塾は天保14年に佐倉に移転し、順天堂と改称する。明治6年（1873）に順天堂を下谷練塀町へ移転し、順天堂医院を開院する。明治8年、湯島の現在と同じ場所に移転。

妻恋神社か
撮影年：明治4年頃～明治20年頃
　　　　（c1871～c1887）
画　像：鶏卵紙　54×87mm

　日本武尊と弟橘媛命を祀った妻恋神社は、江戸時代には妻恋稲荷とも呼ばれるようになった。写真は、その妻恋神社だろうか。拝殿と本殿の屋根の造りや鳥居との配置がよく似ている。手前は坂道に見える。妻恋坂だろうか。

湯島天神社　男坂上の鳥居
撮影年：明治4年頃〜明治20年頃（c1871〜c1887）　画　像：鶏卵紙　53×82mm
　菅原道真を祭神とするこの神社は、正平10年（1355）に建立された。この辺りは、松林が続く寒村だったが、文明10年（1478）に太田道灌が再興し、その後、江戸幕府からの寄進もあって街並みが開かれた。

湯島天神社　表鳥居
撮影年：明治4年頃〜明治20年頃
　　　（c1871〜c1887）
画　像：鶏卵紙　53×83mm
　湯島天神の表門の左右には料理茶屋が並び、境内には香具店や楊弓場、芝居小屋なども造られた。

湯島天神社　表鳥居と拝殿
撮影年：明治4年頃〜明治20年頃
　　　（c1871〜c1887）
画　像：鶏卵紙　52×82mm
　湯島天神は幕府公認の富くじでも賑わいを見せ、谷中天王寺、目黒不動とともに江戸の三富と呼ばれるようになると、江戸庶民の娯楽場の一つとなる。

本郷区

湯島天神社
撮影年：明治4年頃〜明治20年頃
　　　　(c1871〜c1887)
画　像：鶏卵紙　52×82mm

＊160〜161頁の写真は
撮影者：不詳
出　典：『大日本東京寫眞名所
　　　　一覧表』より。

東京大学医学部の門
撮影年：明治4年頃〜明治20年頃
　　　　(c1871〜c1887)
画　像：鶏卵紙　54×85mm

　この学校は、江戸時代に幕府が設立した天文方と昌平坂学問所、神田お玉ヶ池種痘所が起源である。これらの統合と分離が繰り返され、明治7年（1874）に東京開成学校、東京医学校が新たにスタートした。

東京大学医学部
撮影年：明治4年頃〜明治20年頃
　　　　(c1871〜c1887)
画　像：鶏卵紙　55×86mm

　明治10年（1877）、東京開成学校と東京医学校が合併され、東京大学が誕生する。医学部は、本郷の加賀藩前田家の上屋敷に置かれた。「神田区」「日本橋区」でも紹介した法学部と文科部は法文科大学として明治17年に、理学部は理科大学としてその翌年に、この敷地内に移された。

東京大学医学部
撮影年：明治10年頃～明治20年頃（c1877～c1887）
画　像：鶏卵紙　53×85mm

＊162～163頁の写真は
撮影者：不詳
出　典：『大日本東京寫眞名所一覧表』より。

東京大学医学部
撮影年：明治10年頃～明治20年頃（c1877～c1887）
画　像：鶏卵紙　54×85mm

本郷区

東京大学法文学部全景
撮影年：明治17年頃〜明治20年頃（c1884〜c1887）
画　像：鶏卵紙　53×83mm

東京大学法文学部
撮影年：明治17年頃〜明治20年頃（c1884〜c1887）
画　像：鶏卵紙　53×82mm

根津神社　拝殿
撮影者：不詳　撮影年：明治4年頃～明治20年頃（c1871～c1887）
画　像：鶏卵紙　53×83mm

　『大日本東京寫眞名所一覧表』より。根津権現社とも呼ばれるこの神社は、日本武尊が千駄木に創祀したのが起源とされている。詳細は不明だが、3代将軍徳川家光の時代には、家光の3男で甲府藩主となる松平綱重の別邸とされていた敷地内に鎮座していた。そこが現在と同じ場所である。その後、5代将軍徳川綱吉が、宝永3年（1706）に豪華な社殿を建立した。

根津遊郭
撮影者：不詳　撮影年：明治4年頃～明治20年頃（c1871～c1887）
画　像：鶏卵紙　54×86mm

　『大日本東京寫眞名所一覧表』より。この遊郭は、根津神社の東側で不忍通りを挟んだ両側にあった。明治の新政府は、維新の混乱期に30軒に限り、5年間の期限でその営業を許可したが、期限はじりじりと延び、明治21年（1888）、ついに深川区の洲崎へ移転するが、とても栄えていたようだ。

第12章
下谷区

　下谷区といえば、上野の山に不忍池を含む東叡山寛永寺の境内や上野東照宮の徳川将軍家の霊廟などが代表されるように、江戸時代には多くの土地を寺社が占めていた区域であった。そこが上野戦争の舞台となり、様相は一変する。この戦争によって荒れ果てた上野の山は、明治6年（1873）に新政府によって公園地に指定され、それまで庶民が立ち入ることが出来なかった上野東照宮にも参詣が許されるようになり、その後、園内には博物館・美術館や動物園などが造られ庶民の憩いの場となった。

下谷区

不忍池の弁天堂

撮影者：不詳
撮影年：1890年代
画　像：鶏卵紙に手彩色

　天海大僧正が寛永寺を建立した時、この池を琵琶湖に見立て琵琶湖の竹生島を模して島を築き、そこに弁天堂を建てた。

不忍池の弁天堂
撮影者：スティルフリード
撮影年：明治4年頃（c1871）
画　像：鶏卵紙に手彩色　444×394mm

下谷区

上野の茶店　韻松亭
撮影者：不詳
撮影年：1900年代
画　像：鶏卵紙に手彩色
　「番茶より　茶店の娘が気になる　花の山」
　桜吹雪が降りかかる。風情に彩られている。

上野東照宮
撮影者：不詳　撮影年：1890年代　画　像：鶏卵紙に手彩色
　現在、重要文化財のこの社は、上野戦争にも被災せず今日まできている。春になるとその幸いを謳歌するように桜が美しく乱れ咲く。

上野東照宮の唐門と本社
撮影年：明治4年頃～明治20年頃（c1871～c1887）
画　像：鶏卵紙　53×83mm

　ここは、元和2年（1616）に危篤状態の徳川家康が、見舞いに来た藤堂高虎と天海大僧正に残した遺言によって、寛永4年（1627）に造営された神社である。現在は、慶安4年（1651）に3代将軍徳川家光により、金箔をふんだんに使った豪華な社殿に造営替えをされたものを見ることができる。

＊170～171頁の写真は
撮影者：不詳
出　典：『大日本東京寫眞名所
　　　　一覧表』より。

上野東照宮境内
撮影年：明治4年頃～明治20年頃
　　　　（c1871～c1887）
画　像：鶏卵紙　52×82mm

　本殿には家康、吉宗、慶喜、寒松院（藤堂高虎）、天海大僧正の御神体が安置されている。

上野東照宮鳥居
撮影年：明治4年頃～明治20年頃
　　　　（c1871～c1887）
画　像：鶏卵紙　53×82mm

　寛永10年（1633）に建てられた大石鳥居は、備前の御影石が使われていて震災や戦争を耐えぬき、現存する。

下谷区

上野東照宮の大灯籠
撮影年：明治4年頃〜明治20年頃
　　　（c1871〜c1887）
画　像：鶏卵紙　82×53mm

「佐久間大膳亮勝之　寛永八年孟冬十七日」と銘が刻まれている石灯籠は6.8mもある巨大なもので、「お化け灯籠」と呼ばれ、今でも参詣客を驚かせている。

不忍池より見る上野東照宮
撮影年：明治4年頃〜明治20年頃
　　　（c1871〜c1887）
画　像：鶏卵紙　54×83mm

上野東照宮の鳥居と不忍池の弁天島
撮影年：明治4年頃〜明治20年頃（c1871〜c1887）
画　像：鶏卵紙　53×82mm

不忍池の弁天堂
撮影年：明治4年頃〜明治20年頃（c1871〜c1887）　画　像：鶏卵紙　53×82mm
　この弁天島に石橋が架けられたのは、50年程経った寛文12年（1672）のことである。橋が架けられるまでは、一般の小舟が参詣の人々を渡していたという。

茶屋より弁天堂の眺め
撮影年：明治4年頃〜明治20年頃
　　　（c1871〜c1887）
画　像：鶏卵紙　52×83mm
　池の畔や弁天島には、風情があるので茶屋や料理屋が軒を連ね、庶民の行楽の場として賑わった。それでも隣は寛永寺や東照宮が建つ徳川家のお膝元にあたる。風紀が乱れると厳しい取締りがあったようだ。

不忍池の畔　上野元黒門町付近か
撮影年：明治4年頃〜明治20年頃
　　　（c1871〜c1887）
画　像：鶏卵紙　52×86mm
　明治になると、池を埋め立てて水田にする計画が持ち上がったが、結局、オランダ軍医ボードウィンの強い反対を受け、明治6年（1873）に寛永寺境内が公園地に指定されると、その2年後に不忍池もそこへ編入して公園地となる。

下谷区

茶屋　上野元黒門町の氷月亭か
撮影年：明治4年頃〜明治20年頃
　　　　（c1871〜c1887）
画　像：鶏卵紙　54×86mm
　看板に「蒸菓子」とある茶屋。

> ＊172〜173頁の写真は
> 撮影者：不詳
> 出　典：『大日本東京寫眞名所
> 　　　　一覧表』より。

弁天島の茶屋からの眺め
撮影年：明治4年頃〜明治20年頃
　　　　（c1871〜c1887）
画　像：鶏卵紙　54×86mm
　池の蓮はいつ植えられたかは定かでないが、江戸名所図絵には蓮の名所として描かれている。弁天島の茶屋から望む東京大学医学部の時計塔。茶屋は酒亭三河屋だろうか。

龍門橋
撮影年：明治4年頃〜明治20年頃
　　　　（c1871〜c1887）
画　像：鶏卵紙　53×82mm
　龍門橋と刻まれた石が置かれた石橋。

沼川と不忍池に架けられた橋
撮影年：明治4年頃〜明治20年頃
　　　　（c1871〜c1887）
画　像：鶏卵紙　54×84mm
　不忍池東側の水路が合流する場所に架けられた橋。

不忍池の競馬場の馬見所
撮影年：明治17年頃～明治20年頃（c1884～c1887）　画　像：鶏卵紙　52×83mm
　不忍池の周りを一部埋め立て、池の周りを使って競馬が行われるようになったのは、明治17年（1884）からである。共同競馬会社が、戸山学校競馬を移設して始まった。

建設中の不忍池競馬場
撮影年：明治16年頃～明治20年頃
　　　　（c1883～c1887）
画　像：鶏卵紙　51×80mm
　当時の競馬は馬見場の入場料だけを取る見世物で、馬券を売るギャンブルではなかったようだ。そのため、補助金の限界がきて明治28年（1895）には、道路の建設も重なり上野の山と池の間に建てられていた馬見場が売却され、共同競馬会社の競馬はなくなった。

馬場での調教風景
撮影年：明治4年頃～明治20年頃
　　　　（c1871～c1887）
画　像：鶏卵紙　53×83mm

＊174～175頁の写真は
撮影者：不詳
出　典：『大日本東京寫眞名所
　　　　一覧表』より。

下谷区

時の鐘（左奥）と大仏殿（右）
撮影年：明治4年頃～明治20年頃（c1871～c1887）　画像：鶏卵紙　53×81mm
左端に五條天神社の鳥居がたつ。

時の鐘遠望
撮影年：明治9年頃～明治20年頃
　　　（c1876～c1887）
画像：鶏卵紙　53×86mm
　時の鐘と明治9年（1876）に置かれた2階建の休憩所。「花の雲　鐘は上野か浅草か」と芭蕉に詠まれた上野の「時の鐘」は、寛文6年（1666）に鋳造され、「願主柏木好古」と銘があったという。

時の鐘
撮影年：明治4年頃～明治20年頃
　　　（c1871～c1887）
画像：鶏卵紙　54×86mm
　写真の鐘は初代であるが、現在の上野公園にある時の鐘は、天明7年（1787）に谷中の感応寺（現在の天王寺）で鋳造されたもので、2代目になる。時の鐘は、朝6時と正午、夕方6時に撞き続けられ、今も同じ音色で時を知らせている。

上野公園内
撮影年：明治6年頃～明治20年頃（c1873～c1887）　画　像：鶏卵紙　53×83mm

　　上野の山の一帯は、寛永2年（1625）より寛永寺の境内となった。しかし、慶応4年（1868）、上野戦争の舞台となり、寛永寺の伽藍の大部分が焼失した。その後、明治政府は、寛永寺から没収したその荒れ果てた上野の山一帯を明治6年（1873）に日本初の公園地とすることとした。

石垣の前での果物売り
撮影年：明治4年頃～明治20年頃（c1871～c1887）
画　像：鶏卵紙　55×85mm

＊ 176～177頁の写真は
撮影者：不詳
出　典：『大日本東京寫眞名所一覧表』より。

下谷区

彰義隊の墓
撮影年：明治14年頃～明治20年頃
　　　　（c1884～c1887）
画　像：鶏卵紙　54×86mm

　明治2年（1869）、彰義隊の供養ができずにいた寛永寺の子院寒松院と護国院の住職によって、密かに「彰義隊戦死之墓　沙門松国」と墓碑に刻まれ、そして、明治14年に、旧幕臣の山岡鉄舟の筆による「戦死之墓」と銘された墓碑が立てられた。

上野公園内に造られたブランコ
撮影年：明治4年頃～明治20年頃
　　　　（c1871～c1887）
画　像：鶏卵紙　53×83mm

清水観音堂
撮影年：明治4年頃～明治20年頃
　　　　（c1871～c1887）
画　像：鶏卵紙　53×86mm

　ここは、寛永寺を開いた天海大僧正が、寛永8年（1631）に京都の清水寺を模して建立した寺である。本尊は、京都清水寺から贈られた千手観音像で、最初、3代将軍徳川家光にその千手観音像を献上したが、家光が庶民のためにとこの寺に祀ったという秘仏である。

清水観音堂前の休息所
撮影年：明治4年頃～明治20年頃
　　　　（c1871～c1887）
画　像：鶏卵紙　53×84mm

　広重の浮世絵にも描かれたこの寺は、上野戦争では戦火を免れ、今でも舞台の上から不忍池が眺められる。

露座となった上野大仏
撮影年：明治6年頃～明治20年頃（c1873～c1887）　画　像：鶏卵紙　95×139mm

　大仏は、高さが6m程あった。寛永8年（1631）に越後村上藩主堀直寄が、戦死者慰霊のために漆喰の釈迦如来坐像を建立したのが最初である。その後、地震で倒壊して金銅製になって再興され、元禄11年（1698）に仏殿が造られた。大仏と仏殿は、火災や地震で損傷、修復が繰り返されたが、明治6年から明治8年（1873～1875）の上野公園整備の際に、仏殿が撤去され露仏となる。大正12年（1923）の関東大震災では、頭部が落下。再建のために解体された。

茶屋と大仏殿
撮影年：明治9年頃～明治20年頃
　　　（c1876～c1887）
画　像：鶏卵紙　54×87mm

2階建ての休息所遠望
撮影年：明治4年頃～明治20年頃
　　　（c1871～c1887）
画　像：鶏卵紙　54×86mm

下谷区

2階建ての休息所と時の鐘
撮影年：明治9年〜明治6年（1876〜1873）
画　像：鶏卵紙　53×83mm

　明治9年（1876）に置かれた2階建ての休息所。右奥に上野精養軒が見える。

馬車が待つ上野精養軒
撮影年：明治9年頃〜明治20年頃
　　　　（c1876〜c1887）
画　像：鶏卵紙　54×83mm

　上野精養軒は、明治9年（1876）に上野公園の開設に伴って不忍池畔に支店として出され、この店は、日本にできた本格的なフランス料理店の草分けとなる。外国の要人たちの接待や、財界人に親しまれ繁盛した。

上野精養軒
撮影年：明治9年頃〜明治20年頃
　　　　（c1876〜c1887）
画　像：鶏卵紙　53×82mm

上野精養軒と不忍池
撮影年：明治9年頃〜明治20年頃
　　　　（c1876〜c1887）
画　像：鶏卵紙　52×82mm

＊178〜179頁の写真は
撮影者：不詳
出　典：『大日本東京寫眞名所一覧表』より。

上野動物園の観覧客
撮影年：明治15年頃〜明治20年頃（c1882〜c1887）　画　像：鶏卵紙　52×81mm
　明治15年（1882）3月に開園した日本で最も古い動物園である。開園当初の飼育動物の正確な資料は残っていないそうだが、水牛、熊、猿、狐、狸、鷲、水鳥、朝鮮黒熊、蝦夷鹿、猪、山羊、丹頂鶴、真鶴、赤鷺、亀など、その他にも小動物がいたようだ。同年9月には観魚室が公開され日本初の水族館にもなる。

上野動物園内
撮影年：明治15年頃〜明治20年頃（c1882〜c1887）
画　像：鶏卵紙　53×83mm

下谷区

第2回内国勧業博覧会本館
撮影年：明治14年頃～明治20年頃
　　　　（c1881～c1887）
画　像：鶏卵紙　54×83mm

　明治14年（1881）に第2回の内国勧業博覧会が開催された。明治10年に同じ場所で開催された第1回と比べると、出品数は4倍、入場者は82万人、1日平均6,740人で倍近くあったという。博物館の前には高さ5mの大噴水、本館前には2基の鶴の噴水が造られた。

第2回内国勧業博覧会本館入口
撮影年：明治14年頃～明治20年頃
　　　　（c1881～c1887）
画　像：鶏卵紙　54×83mm

＊180～181頁の写真は
撮影者：不詳
出　典：『大日本東京寫眞名所
　　　　一覧表』より。

上野の博物館全景
撮影年：明治14年頃～明治20年頃
　　　　（c1881～c1887）
画　像：鶏卵紙　53×82mm

　内山下町（現在の千代田区内幸町）にあった博物館は、手狭で火災などの危険が大きいと、博物館初代館長の町田久成が上野公園への移転を太政官へ陳情し、明治14年（1881）、寛永寺本坊跡に新しく博物館が竣工された。イギリス人建築家ジョサイア・コンドルの設計である。

上野の博物館正面
撮影年：明治14年頃～明治20年頃
　　　　（c1881～c1887）
画　像：鶏卵紙　53×83mm

　この建物は、第2回内国勧業博覧会で展示室として使われた。翌年から博物館の本館となる。明治22年（1889）に帝国博物館、明治33年には帝室博物館と改称された。関東大震災で、建物は大破。その後、復興されて昭和13年（1938）に開館したのが、現在の東京国立博物館である。

博物館の玄関前
撮影年：明治 14 年頃～明治 20 年頃
　　　　（c1881～c1887）
画　像：鶏卵紙　53×82mm

＊182～183 頁の写真は
撮影者：不詳
出　典：『大日本東京寫眞名所一覧表』より。

教育博物館
撮影年：明治 10 年頃～明治 20 年頃（c1877～c1887）　画　像：鶏卵紙　52×83mm
　この博物館は、文部省により明治 10 年（1877）に、現在の東京藝術大学の場所に竣工された。明治 14 年に東京教育博物館と改称。明治 22 年には、東京藝術大学の前身である東京美術学校に土地や建物を明け渡し、本郷の高等師範学校の付属施設となる。昭和 24 年（1949）に国に移管され、現在の国立科学博物館となった。

下谷区

寛永寺の霊廟
撮影年：明治4年頃～明治20年頃
　　　　（c1871～c1887）
画　像：鶏卵紙　53×83mm

　東叡山寛永寺は、寛永2年（1625）に京都の比叡山延暦寺にならい建立された。上野の山には、もともと藤堂高虎、津軽信牧、堀直寄の3人の大名たちの下屋敷があったが、江戸城の鬼門にあたる上野の山が選ばれたのだ。

寛永寺の霊廟正面
撮影年：明治4年頃～明治20年頃
　　　　（c1871～c1887）
画　像：鶏卵紙　53×82mm

　徳川家康の仏門の師である天海大僧正が開基である。寛永元年（1624）に起工され、翌年に本坊が落成。その後、常行堂、法華堂、多宝堂、釈迦堂、東照宮、五重塔、鐘楼、大仏、清水堂、不忍池弁財天ほか数々の堂が将軍家や大名たちの寄進をうけ造営された。

寛永寺の一之御霊屋の二天門
撮影年：不詳
画　像：鶏卵紙　54×85mm

　徳川将軍家の菩提所でもある寛永寺は、関東天台宗の本寺として、絶大な権力を誇っていた。慶応4年（1868）の上野戦争では、清水堂、大仏堂、山王社、時の鐘、忍岡稲荷、慈眼堂、東照宮、五重塔を残し他は全て焼け落ちてしまう。

寛永寺霊廟の門
撮影年：明治4年頃～明治20年頃
　　　　（c1871～c1887）
画　像：鶏卵紙　54×84mm

両大師（輪王寺）
撮影年：明治4年頃～明治20年頃（c1871～c1887）
画　像：鶏卵紙　53×82mm

　輪王寺は、寛永寺の伽藍のひとつで慈眼堂、開山堂とも呼ばれ、慈恵大師と慈眼大師が祀られている。慈恵大師は、康保3年（966）に天台宗の座主となった良源大僧正、慈眼大師は寛永寺の開基である天海大僧正の諡号である。天海大僧正は、寛永20年（1643）に死去。日光山に埋葬され、上野の山には翌年に日光山と同様、この慈眼堂（開山堂）が建てられた。その後、寛永13年建立の慈恵堂が慈眼堂に移され、ここは、両大師と呼ばれるようになる。

両大師の山門
撮影年：明治4年頃～明治20年頃
　　　　（c1871～c1887）
画　像：鶏卵紙　55×86mm

　上野戦争では無事であったが、平成元年（1989）に焼失し、すぐに再建され今に至る。山門の右手の「両大師」と書かれた立札は、縁が金色に塗られているので金札と呼ばれた。本堂前に置かれた青銅灯籠は、徳川家光の墓である大猷院霊廟に奉納されたものだという。

下谷区

上野駅開業式
撮影年：明治 17 年（c1884）
画　像：鶏卵紙　54 × 89mm

　日本初の私鉄である日本鉄道は、寛永寺の子院跡、約 29,800 坪の土地を東京府より借り受け、明治 16 年（1883）に上野駅を開設した。その年、上野から熊谷間の 6 駅、61.2km の仮営業を開始。上野駅には、貨物や郵便などの荷物扱い所が置かれた。翌年 5 月には高崎駅が開通。同年 6 月には上野駅の仮駅舎で、天皇を迎え正式な開業式が行われた。明治 18 年（1885）、237 坪の煉瓦造りの本駅舎が竣工。中山道の東京の玄関口として繁栄してゆく。写真は、天皇を迎えて行われた開業式に撮影された上野駅の様子である。どうやらこの日は雨だったようだ。

開業式の門
撮影年：明治 17 年（c1884）
画　像：鶏卵紙　55 × 85mm

＊ 184 〜 185 頁の写真は
撮影者：不詳
出　典：『大日本東京寫眞
　　　　名所 一覧表』より。

上野公園より見る上野広小路
撮影年：明治8年頃〜明治20年頃（c1875〜c1887）
画　像：鶏卵紙　53×84mm

　広小路とは、江戸時代に幕府が火災の延焼を防ぐために、道幅を広げた通りのことである。明治8年（1875）に馬車道と歩道を区別するために松、柳、桜、桃などの木が植えられた。明治15年には馬車鉄道が開通し、新橋から日本橋、上野広小路、浅草広小路などと人を運び、行き来がしやすくなる。

上野山下にあった雁鍋
撮影年：明治4年頃〜明治20年頃
　　　　（c1871〜c1887）
画　像：鶏卵紙　53×83mm

　寛永寺の門前町として賑わった上野山下には、安藤広重の名所江戸百景に描かれた「伊勢屋」という紫蘇飯で有名な料理屋があった。その店は、時期は定かではないが「雁鍋」という料理屋になり、明治39年（1906）に廃業となる。

賑わいを見せた雁鍋
撮影年：明治4年頃〜明治20年頃
　　　　（c1871〜c1887）
画　像：鶏卵紙　53×82mm

＊186頁の写真は
撮影者：不詳
出　典：『大日本東京寫眞名所
　　　　一覧表』より。

浅草区

第13章

浅草区

　浅草区は、現在の台東区の一部である。日本橋区と分ける神田川と東側は隅田川に囲まれ、西側は上野がある下谷区を境に区画された。もともとは、田畑や低湿地帯が多くあった場所であるが、明暦の大火以降、江戸の中心地にあった寺院や吉原、天保期には芝居小屋などがこの地に移され、次第に栄えていった。明治になると、雷門で有名な浅草寺の境内は公園地に指定され、そこへ見世物小屋や飲食店が立ち並び、多くの人々で賑わった。

浅草橋門
撮影者：横山松三郎　撮影年：明治4年（1871）　画　像：鶏卵紙　53×84mm
　外曲輪にある浅草橋門は、高麗門と24間×4間の江戸城最大級の櫓門とで成る内枡形門である。奥州街道の行き来でこの門は主に町人が使用した。

浅草寺の本堂
撮影年：明治4年頃〜明治20年頃（c1871〜c1887）　画　像：鶏卵紙　52×82mm
　浅草寺は、徳川家康によって祈願所と定められ、以来、幕府の庇護を厚く受けていた。写真に写る本堂は、3代将軍徳川家光の援助で慶安2年（1649）に再建されたものである。昭和20年（1945）の東京大空襲で焼失した。

浅草区

浅草寺の仁王門
撮影年：明治4年頃～明治20年頃（c1871～c1887））　画　像：鶏卵紙　194×242mm
　　写真の仁王門は、本堂と同じく慶安2年（1649）に再建され、昭和20年（1945）に焼失した。そして、昭和39年に防災設備を施した収蔵室を兼ねる宝蔵門として再建され、今に至る。

仁王門の楼上より本堂の眺め
撮影年：明治4年頃～明治20年頃
　　　　（c1871～c1887）
画　像：鶏卵紙　54×86mm

＊188頁の上以外の188～189頁の写真は、
撮影者：不詳
出　典：『大日本東京寫眞名所 一覧表』より。

仲見世通りから仁王門と五重塔
撮影年：明治4年頃～明治20年頃
　　　　（c1871～c1887）
画　像：鶏卵紙　53×85mm

浅草寺境内
撮影者：不詳
撮影年：1870年代
画　像：鶏卵紙に手彩色

　「花の雲　鐘は上野か　浅草か」と芭蕉が詠んだように、時を知らせる江戸の鐘は9ヶ所あった。夕べを告げる入り相の鐘の音は、たそがれていく朱色の五重塔とともに詩情を誘う。

五重塔と二尊仏
撮影者：不詳
撮影年：明治4年頃〜明治20年頃
　　　　（c1871〜c1887）
画　像：鶏卵紙　86×55mm

　『大日本東京寫眞名所一覧表』より。浅草寺仁王門の東に置かれた二尊仏は、貞享4年（1687）に造られた。金銅製の仏像で右が観音菩薩、左が勢至菩薩である。

浅草区

浅草寺の二尊仏
撮影者：スティルフリード
撮影年：明治4年頃（c1871）
画　像：鶏卵紙　190×240mm

　「濡仏」の名で知られている二尊仏は、貞享4年（1687）に館林の高瀬善兵衛が太田久右衛門正儀に依頼し製作、奉納された。

浅草神社
撮影者：不詳
撮影年：明治4年頃～明治20年頃
　　　　（c1871～c1887）
画　像：鶏卵紙　52×82m

　『大日本東京寫眞名所一覧表』より。浅草寺の東に位置する浅草神社は、浅草寺の起源となった檜前浜成と竹成兄弟、そして土師中知を祭神とする。平安時代末期から鎌倉時代の創建である。明治元年（1868）に神仏分離令によって浅草寺と分けられ、三社明神社、そして明治6年に浅草神社と改称された。写真に写る社殿は慶安2年（1649）に徳川家光の寄進で建てられたもので、現在は重要文化財に指定されている。

浅草寺の本堂内部
撮影者：不詳
撮影年：1870年代
画　像：鶏卵紙に手彩色
　浅草寺は観音像を祀り、庶民の信仰を集めていた。古い寺歴を誇る本堂内部も素朴な雰囲気を醸し出している。

＊193頁の写真2点は
撮影者：不詳
出　典：『大日本東京寫眞名所
　　　　一覧表』より。

浅草区

浅草奥山花屋敷
撮影年：明治4年頃〜明治20年頃（c1871〜c1887）
画　像：鶏卵紙　53×82mm

　浅草寺の西北から本堂の裏手は、浅草奥山と呼ばれた。大道芸の興行や見世物小屋などが建ち並ぶ賑やかな場所だったという。そこにある花屋敷は、嘉永6年（1853）に開園し、植物だけではなく小動物も飼育した日本最古の遊園地である。明治になっても見事な菊や牡丹を見せて多くの人々を楽しませていたようだ。

浅草本願寺
撮影年：明治4年頃〜明治20年頃（c1871〜c1887）
画　像：鶏卵紙　53×83mm

　浅草の東本願寺は、天正19年（1591）に江戸神田に建立された江戸御坊光瑞寺が、その後に京都の東本願寺の別院となったのが起源である。慶長14年（1609）に神田明神下に移るが、明暦の大火（1657）で焼失し、浅草に移転して浅草本願寺と呼ばれた。名称は、昭和40年（1965）に東京本願寺、そして現在は、浄土真宗東本願寺派本山東本願寺と変わっている。

待乳山聖天社と山谷堀に架かる今戸橋
撮影者：不詳　撮影年：明治4年頃〜明治20年頃（c1871〜c1887）
　画　像：鶏卵紙　52×83mm

　　『大日本東京寫眞名所一覧表』より。大聖歓喜天を本尊とし、その守り神である
　　毘沙門天が祀られる待乳山聖天の縁起は、推古天皇3年（595）に遡る。待乳山（真
　　土山）はその時、突然、地面が盛り上がってできた山で、大聖歓喜天が出現する前

浅草区

触れとされる金龍がそこに舞い降りた。6年後、日照りが続き人々が暑さと飢えに苦しんでいたところ、大聖歓喜天が現れ救いになった。以来、庶民の篤い尊信が集まり、今に至るという。料亭有明楼と待乳山の間には、山谷堀と呼ばれる川が流れていた。柳橋から客を乗せた猪牙舟（ちょきぶね）は、隅田川をのぼりこの山谷堀から新吉原へ向かった。

向島から望む待乳山聖天社
画　像：鶏卵紙　54 × 85mm

待乳山聖天社
画　像：鶏卵紙　53 × 82mm

＊196〜197頁の写真は
撮影者：不詳
撮影年：明治4年頃〜明治20年頃（c1871〜c1887）
出　典：『大日本東京寫眞名所一覧表』より。

浅草区

待乳山聖天社遠望
画　像：鶏卵紙
　　　　54×86mm

**待乳山聖天社から
見下ろす有明楼**
画　像：鶏卵紙
　　　　53×83mm

　待乳山聖天から今戸橋を渡った川岸には、有明楼という料亭があった。上流階級の客がほとんどで、とても繁盛していたようだ。

有明楼と隅田川
画　像：鶏卵紙
　　　　52×81mm

新吉原の大門　画　像：鶏卵紙　52×82mm

　新吉原全体は東京ドームの1.5倍ほどの広さがあった。周囲にお歯黒溝と呼ばれる3.5mほどの堀があり、通常の出入口は大門だけだったという。大門から仲之町通りの突き当たりの水道尻まで伏見町、江戸町、境町、角町、揚屋町、京町と遊郭街が奥へ続いた。

仲之町通りの引手茶屋の眺め
画　像：鶏卵紙　54×86mm

　新吉原は、明治4年（1871）と明治6年、さらに明治8年にも火災に遭っている。そのためか、洋風建築の建物が増えていった。明治8年にはガス灯が7基置かれ、明治14年には鉄製の大門が建立された。

* 198～199頁の写真は
撮影者：不詳
撮影年：明治14年～明治29年
　　　　（1881～1896）
出　典：『大日本東京寫眞名所
　　　　一覧表』より。

引手茶屋の提灯が並ぶ眺め
画　像：鶏卵紙　55×86mm

浅草区

京町1丁目の角海老楼
画　像：鶏卵紙　54×85mm

江戸町1丁目の大文字楼
画　像：鶏卵紙　54×83mm

江戸町1丁目の尾彦楼
画　像：鶏卵紙　54×83mm

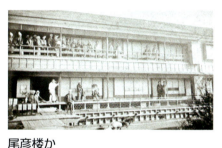

尾彦楼か
画　像：鶏卵紙　54×86mm

江戸町2丁目か
画　像：鶏卵紙　54×86mm

揚屋町の品川楼
画　像：鶏卵紙　94×139mm

京町2丁目
画　像：鶏卵紙　54×84mm

角町の稲本楼
画　像：鶏卵紙　94×138mm

吾妻橋から眺める浅草の眺め
撮影年：明治9年頃～明治20年頃（c1876～c1887）
画　像：鶏卵紙　53×82mm

　吾妻橋は、安永3年（1774）に創架された。大川橋とも呼ばれたこの橋は、長さ約150m、幅約6.5mあり、当初は2文の通行料を取った（武士は無料）。写真の吾妻橋は、明治9年（1876）に木製の橋としては最後に架け替えられたものである。

＊200～201頁の写真は
撮影者：不詳
出　典：『大日本東京寫眞名所一覧表』より。

東京職工学校
撮影年：明治14年頃～明治20年頃
　　　（c1881～c1887）
画　像：鶏卵紙　53×83mm

　この学校は、明治14年（1881）に創設された。翌年に文部省より浅草文庫の建屋が交付され、そこへ校舎が新築されたという。製造現場や工業教育の指導者を養成する学校で、最初は化学工芸科と機械工芸科の2科で発足した。現在の東京工業大学の前身である。

安立山長遠寺
撮影年：明治14年頃～明治20年頃
　　　（c1881～c1887）
画　像：鶏卵紙　53×82mm

　文禄3年（1594）に創建された長遠寺は、日蓮宗の江戸十祖師のひとつである。最初は京都要法寺の末寺で妙栄寺として建てられ、元和7年（1621）に池上本門寺の末寺となり、現在の名称でもある長遠寺に改称された。浅草永住町（現在の元浅草2丁目）に位置する。

浅草区

本所河岸からの吾妻橋の眺め
画　像：鶏卵紙　94×139mm

浅草橋からの浅草方面の眺め
画　像：鶏卵紙　53×83mm

首尾の松より眺める両国橋
画　像：鶏卵紙　95×139mm

吾妻橋　本所側から浅草方面の眺め
画　像：鶏卵紙　52×82mm

厩橋から浅草方面の眺め
画　像：鶏卵紙　53×82mm

厩橋　浅草方面を望む
画　像：鶏卵紙　52×82mm

西鳥越町の猿若座
画　像：鶏卵紙　53×81mm

西鳥越町の猿若座
画　像：鶏卵紙　96×138mm

浅草の興行街
撮影者：不詳
撮影年：1890年代
画　像：鶏卵紙に手彩色

　明治17年（1884）、浅草公園が区割りされ興行街が6区になり、庶民の一大娯楽街となった。後方の高層建築は、高所高覧の目的で建てた凌雲閣（俗称十二階）で、初の「百美人写真コンテスト」が催されて人気をよんだ。

第14章
本所区・深川区

　本所区と深川区は、現在の墨田区と江東区の一部である。この辺りは低湿地帯で、明暦の大火（1657）後に埋め立てて出来た人工の土地である。東西に竪川、南北に横川といった江戸城の向きを基準に名を付けた掘割や、小名木川や北十間川などを整備して流通を発展させ、本所区と深川区が造成された。明治になっても本所区と深川区は、東京の下町として庶民に親しまれる場所であった。現在、本所区は両国の相撲、深川区は富岡八幡宮が有名である。

旧久保田藩主佐竹邸とその庭園

撮影年：明治4年頃～明治20年頃（c1871～c1887）　画　像：鶏卵紙　54×86mm

　ここは谷田部藩主細川家の下屋敷から沼津藩主水野忠成の別邸となり、その後、白河藩主松平定信に渡り、久保田藩主佐竹右京大夫義勇の下屋敷となる。

佐竹邸の庭園

撮影年：明治4年頃～明治20年頃
　　　　（c1871～c1887）
画　像：鶏卵紙　52×82mm

　庭園に築かれた丘からは、浅草寺の五重塔や、隅田川に架かる吾妻橋を眺められたという。現在、金色の大きなオブジェがあるアサヒビールのビル周辺一帯にあった庭園である。

* 204～205頁の写真は
撮影者：不詳
出　典：『大日本東京寫眞
　　　　名所 一覧表』より。

庭園にたたずむ女性

撮影年：明治4年頃～明治20年頃
　　　　（c1871～c1887）
画　像：鶏卵紙　53×83mm

　明治33年（1900）に札幌麦酒株式会社がここを買い入れ、庭園の半分は煉瓦造りの工場となる。大正12年（1923）の関東大震災で庭園の面影をも失った。

本所区・深川区

法性寺の妙見堂
撮影年：明治4年頃～明治20年頃
　　　　（c1871～c1887）
画　像：鶏卵紙　54×87mm

　法性寺は、明応元年（1492）に法性房日通上人が開山した寺である。境内には、江戸城の鬼門除けとして妙見堂が置かれ、北辰妙見大菩薩が祀られている。江戸時代から「柳島妙見」と称されて人々に信仰されていた。

法性寺の妙見堂と影向松
撮影年：明治4年頃～明治20年頃
　　　　（c1871～c1887）
画　像：鶏卵紙　54×85mm

　妙見堂の正面には、影向松と呼ばれる巨大な古木があり、そこへ本尊である妙見大菩薩が降臨したと伝わる。その松は「星降りの松」、「千年松」、「鏡の松」とも呼ばれ、空洞に白蛇が住んでいたといわれる霊樹であった。

橋本楼と柳島橋
撮影年：明治4年頃～明治20年頃
　　　　（c1871～c1887）
画　像：鶏卵紙　54×84m

　橋本楼は、法性寺の北隣にあり、横十間川に架かる柳島橋の西側に位置した。橋本楼は、役者や文化人などが足繁く通った高級料亭だったという。

亀戸天神社の藤
撮影者：不詳
撮影年：1880年代
画　像：鶏卵紙に手彩色

　天神社は学徳の高い菅原道真を祀る。心字池に架けた太鼓橋、見事に垂れ下がった両岸の藤棚は、池に映えると一段と風情があった。

男橋（太鼓橋）を通る参拝客
撮影者：不詳
撮影年：明治期
画　像：鶏卵紙　82×77mm

　勾配の急な太鼓橋。橋上から咲き乱れる藤の花見は最高。橋に群がり通りすぎる人々のファッションショーも面白い。

本所区・深川区

亀戸天神社　男橋から女橋、瑞門
撮影年：明治4年頃～明治20年頃
　　　　（c1871～c1887）
画　像：鶏卵紙　53×83mm

亀戸天神社本社
撮影年：慶応年間から明治初年頃
画　像：鶏卵紙　53×83mm

＊207頁の写真上3枚は
撮影者：不詳
出　典：『大日本東京寫眞
　　　　名所 一覧表』より。

亀戸天神社の総門と男橋
撮影年：明治4年頃～明治20年頃
　　　　（c1871～c1887）
画　像：鶏卵紙　53×83mm

亀戸天神社の境内
撮影者：不詳
撮影年：1900年代
画　像：鶏卵紙に手彩色

　明暦の大火（1657）後、4代将軍徳川家綱は寛文2年（1662）に現在の場所に社地を寄進し、九州太宰府天満宮を模して亀戸宰府天満宮（東宰府天満宮）を創建した。明治6年（1873）には、亀戸宰府天満宮は東京府社となって亀戸神社と改称され、昭和11年（1936）には現在の亀戸天神社となる。

草が生い茂る五百羅漢寺の本殿
撮影者：不詳　撮影年：明治4年〜明治14年（1871〜1881）　画　像：鶏卵紙　51×83mm

『大日本全国名所一覧寫眞帖』より。元禄8年（1695）に松雲元慶により創建された。松雲元慶が彫り上げた五百羅漢像は本殿と羅漢堂に安置された。安政2年（1855）の大地震で羅漢堂が倒壊し多くを失った。明治前期に撮影されたこの写真には、朽ちてしまった本殿のみが写されている。明治20年（1887）に本所五ツ目から本所緑町に移転し、後、目黒に移る。

亀戸梅屋敷　清香庵の入口
撮影者：不詳
撮影年：明治4年〜明治14年
　　　（1871〜1881）
画　像：鶏卵紙　82×51mm

『大日本全国名所一覧寫眞帖』より。江戸初期に伊勢屋彦右衛門によって造られた梅園である。150mに渡り枝が地中に入ったり出たりする一本の梅の木が特に有名で、その噂を聞きつけて見に来た水戸光圀は、その梅の木を「臥龍梅」と名付けた。また、享保9年（1724）に8代将軍徳川吉宗もその木を鑑賞し、生命の循環に例えて「世継ぎの梅」と命名したそうだ。

本所区・深川区

梅園　場所不詳
撮影者：不詳　撮影年：明治4年～明治14年（1871～1881）　画像：鶏卵紙　51×83mm
　『大日本全国名所一覧寫眞帖』より。現在の墨田区文花2丁目にあった小村井梅園（別称：江東梅園）は、亀戸梅屋敷よりも広い土地を所有し、毎年梅の盛りには将軍家の御成りがあったという。写真の場所は不明であるが、梅園のようにも見える。

植木屋　場所不詳
撮影者：不詳
撮影年：明治4年頃～明治20年頃
　　　（c1871～c1887）
画　像：鶏卵紙　53×82mm
　『大日本東京寫眞名所一覧表寫眞帖』より。

植木屋　場所不詳
撮影者：不詳
撮影年：明治4年頃～明治20年頃
　　　（c1871～c1887）
画　像：鶏卵紙　52×82mm
　『大日本東京寫眞名所一覧表』より。

両国回向院
撮影者：不詳　撮影年：明治4年〜明治14年（1871〜1881）
画　像：鶏卵紙　52×83mm

　『大日本全国名所一覧寫眞帖』より。明暦の大火（1657）で焼死した10万8000人もの人々のために、4代将軍徳川家綱が寄進して万人塚という墳墓が設けられ、御堂が建立されたのがこの寺の始まりという。「有縁無縁に関わらず、人、動物に関わらず、生あるすべてのものへの仏の慈悲を説くもの」が現在も受け継がれたこの寺の理念である。

両国回向院本堂
撮影者：不詳
撮影年：明治4年頃〜明治20年頃
　　　　（c1871〜c1887）
画　像：鶏卵紙　54×85mm

　『大日本東京寫眞名所一覧表』より。本尊は、銅製で釜屋六右衛門の作による阿弥陀如来像である。写真のように、本殿を背にして露天に安置されていたが、現在は本堂の中に置かれている。

本所区・深川区

料亭中村楼
撮影者：不詳　撮影年：明治4年頃～明治20年頃（c1871～c1887）　画　像：鶏卵紙　53×83mm
　『大日本東京寫眞名所一覧表』より。左の大きな建物が中村楼で、両国橋のすぐ下流で本所元町（現両国1丁目）にあった、高級料亭である。政界人や財界人たちはここで宴会を催すことが多かった。当時の店主の星野岩吉は、外務省の建設工事の請負や不動産事業などもした実業家だったようだ。安政2年（1855）に浮世絵師3代目歌川豊国（国貞）の70歳の祝賀会がこの料亭で催されている。

料亭中村楼
撮影者：不詳
撮影年：明治4年～明治14年
　　　　（1871～1881）
画　像：鶏卵紙　51×82mm
　『大日本全国名所一覧寫眞帖』より。

竪川橋より二つ目橋の眺めか
撮影者：不詳　撮影年：明治4年～明治14年（1871～1881）　画 像：鶏卵紙　51×83mm
　『大日本全国名所一覧寫眞帖』より。竪川は万治2年（1659）に起工された人工河川で、現在の両国と千歳の間から隅田川と中川を直線で結んでいる。江戸から船で成田山新勝寺や香取神宮、鹿島神社へ向かう参詣路として、また物資の運搬のために開削された。

百本杭にたむろする人びと
撮影者：不詳　撮影年：明治4年頃～明治20年頃（c1871～c1887）
画 像：鶏卵紙　53×82mm
　『大日本東京寫眞名所一覧表』より。隅田川の川岸の浸食を防ぐために多数の杭が打ち込まれていた場所である。おびただしい数の杭が乱立していたところから百本杭と呼ばれた。

本所区・深川区

富士見の渡しより厩橋を遠望
撮影者：不詳　撮影年：明治4年頃〜明治20年頃（c1871〜c1887）　画　像：鶏卵紙　52×83mm
『大日本東京寫眞名所一覧表』より。百本杭より少し上流で、蔵前橋付近にあった渡しである。ここから遠方に富士山が望めた。それで「富士見の渡し」と呼ばれた。両岸には幕府の竹蔵や米蔵があり「御蔵の渡し」とも称されていたようだ。

富士見の渡しより御蔵橋を遠望
撮影者：不詳
撮影年：明治4年〜明治14年
　　　（1871〜1881）
画　像：鶏卵紙　51×83mm
『大日本全国名所一覧寫眞帖』より。「富士見の渡し」。中央が御蔵橋で左が厩橋。

御蔵橋より厩橋の眺め
撮影者：不詳
撮影年：明治4年〜明治14年
　　　（1871〜1881）
画　像：鶏卵紙　51×83mm
『大日本全国名所一覧寫眞帖』より。

これより深川区

深川神明社
撮影者：不詳　撮影年：明治4年頃〜明治20年頃（c1871〜c1887）
画　像：鶏卵紙　51×83mm

『大日本東京寫眞名所一覧表』より。慶長元年（1596）に深川八郎右衛門によって創建された、深川では最も古い神社である。八郎右衛門は、深川村の自分の屋敷に小さな祠を建て伊勢皇太神宮の天照大神の分霊を祀った。それが深川神明社の起源である。

御船蔵
撮影者：不詳
撮影年：明治4年〜明治14年
　　　　（1871〜1881）
画　像：鶏卵紙　52×81mm

『大日本全国名所一覧寫眞帖』より。幕府の艦船を保管し、慶応3年（1867）には38隻の船が格納されていたといわれるこの場所は、隅田川沿いで竪川河口より南側の現在の新大橋1丁目にあった。

本所区・深川区

霊巌寺の山門
撮影者：不詳
撮影年：明治4年〜明治14年
　　　　（1871〜1881）
画　像：鶏卵紙　51×83mm

『大日本全国名所一覧寫眞帖』より。寛永元年（1624）に雄誉霊巌（おうよれいがん）が霊岸島を埋め立て霊巌寺を建立した。明暦の大火（1657）で焼失し、白河1丁目に再建された。

霊巌寺の江戸六地蔵
撮影者：不詳
撮影年：明治4年〜明治14年
　　　　（1871〜1881）
画　像：鶏卵紙　75×51mm

『大日本全国名所一覧寫眞帖』より。江戸六地蔵は、地蔵坊正元が6体の金銅製地蔵菩薩座像を造立したものである。

永代橋　深川区佐賀方面
の眺め

撮影者：不詳
撮影年：明治4年頃～明治20年頃
　　　（c1871～c1887)
画　像：鶏卵紙　52×81mm
　『大日本東京寫眞名所一覧
表』より。

本所区・深川区

小名木川河口に架かる萬年橋付近より新大橋の眺め

撮影者：不詳
撮影年：明治4年頃～明治20年頃
　　　　（c1871～c1887)
画　像：鶏卵紙　51×83mm

　『大日本東京寫眞名所一覧表』より。左に見えるのが新大橋であれば、右手前は小名木川となる。徳川家康は千葉の行徳より塩を運搬するために、現在の隅田川沿いの常盤と清澄の間から東へまっすぐに中川まで、直線水路を開かせた。家康が江戸に入府した翌年の天正18年（1590）には、すでに塩が輸送されていたという。その水路を、慶長元年（1596）に小名木四郎兵衛が開削し拡張した。そこで川の名が小名木川となる。その後も小名木川は開削、整備され食料や物資の輸送に重要な役割を果たすこととなった。明治維新までは、写真右の対岸あたりに船番所が置かれていたようだ。

永代橋　日本橋区方面の眺め

撮影者：不詳
撮影年：明治4年頃～明治20年頃
　　　　（c1871～c1887)
画　像：鶏卵紙　53×83mm

　『大日本東京寫眞名所一覧表』より。

深川不動尊
撮影年：明治4年頃～明治20年頃
　　　　（c1871～c1887）
画　像：鶏卵紙　54×82mm

　明治14年（1881）に建立の深川不動尊。元禄16年（1703）に富岡八幡宮の永代寺において、千葉の成田山新勝寺の不動明王像の出開帳をしたのが始まりである。東京大空襲で全焼、昭和26年（1951）に再建された。

恵比寿宮
撮影年：明治4年～明治14年
　　　　（1871～1881）
画　像：鶏卵紙　51×83mm

　『大日本全国名所一覧寫眞帖』より。富岡八幡宮の末社の一つで深川七福神のひとつとされる。右遠方に見えるのは、平久川に架かる鶴歩橋であろう。

洲崎神社（洲崎弁天社）
撮影年：明治4年～明治14年
　　　　（1871～1881）
画　像：鶏卵紙　51×83mm

　『大日本全国名所一覧寫眞帖』より。代々の徳川家の守護神である。稲荷神社も祀られて、風光明媚な海岸の堤防の上に建てられた弁天社は、江戸の名所となり賑わった。明治維新の神仏分離令により、明治5年（1872）に洲崎神社と改められた。

洲崎弁天社の仏像と稲荷の祠
撮影者：不詳
撮影年：慶応年間～明治初年頃
　　　　（c1865～c1872）
画　像：鶏卵紙　142×181mm

　「江戸名所図会」には、仏像が洲崎弁天社の本社の南側に描かれている。

```
＊218頁の中写真2点以外は
撮影者：不詳
出　典：『大日本東京寫眞名所
　　　　一覧表』より。
```

本所区・深川区

洲崎弁天社の仏像
撮影者：不詳
撮影年：慶応年間～明治初年頃
　　　　（c1865～c1872）
画　像：鶏卵紙　189×159mm
　仏像は洲崎弁天社にあった仏像と思われる。神仏分離の際に撤去、もしくは取り壊されたと考えられる。

洲崎海岸か
撮影者：不詳
撮影年：明治4年頃～明治20年頃
　　　　（c1871～c1887）
画　像：鶏卵紙　54×85mm
　洲崎神社の西の越中島は、松平越中守の下屋敷があったのでその名がついた。

富岡八幡宮の「二組」と刻まれた二の鳥居と表門
撮影者：不詳　撮影年：明治4年〜明治14年（1871〜1881）
画　像：鶏卵紙　51×82mm

　『大日本全国名所一覧寫眞帖』より。この地を永代島と呼んでいたので永代八幡とも称され、社有地には、別当寺院として永代寺も建立された。明治維新後、永代寺は廃寺となるが、富岡八幡宮は准勅祭社となり皇室の尊崇を受ける。東京大空襲で焼失したが、昭和31年（1956）に現在の社殿が造営され、今も門前町（現門前仲町）の繁栄とともに賑わっている。

富岡八幡宮の拝殿と拝殿前の大鳥居
撮影者：不詳　撮影年：明治4年〜明治14年（1871〜1881）　画　像：鶏卵紙　51×83mm
　『大日本全国名所一覧寫眞帖』より。

第15章
荏原郡

　荏原郡は、東京市の南に位置し、現在の品川区、大田区、目黒区、世田谷区などにあたる品川、大森、蒲田、荏原、目黒、世田谷が含まれていた。当時の荏原郡には、多摩川や目黒川が流れている。

目黒不動　金剛力士像が安置された仁王門
撮影者：不詳　撮影年：明治4年頃～明治20年頃（c1871～c1887）　画　像：鶏卵紙　52×82mm
『大日本東京寫眞名所一覧表』より。寛永7年（1630）に上野の寛永寺子院護国院の末寺とされる。その後、徳川家光の庇護を受け50余りの伽藍が造営された。

目黒不動　大本堂
撮影者：不詳
撮影年：明治4年～明治14年
　　　　（1871～1881）
画　像：鶏卵紙　51×83mm

『大日本全国名所一覧寫眞帖』より。人々に「目黒不動」と呼ばれ親しまれてきた。文化9年（1812）に富くじが行われ、門前には土産物屋や茶屋、料亭が軒を連ね賑わった。

目黒不動の門前町
撮影者：不詳
撮影年：明治4年～明治14年
　　　　（1871～1881）
画　像：鶏卵紙　51×79mm

『大日本全国名所一覧寫眞帖』より。台紙には「目黒不動前橋柔屋内田宅」とある。目黒不動を背に門前にあった料理店の様子ではないだろうか。

荏原郡

目黒川に架かる品川橋か
撮影者：不詳　撮影年：明治4年頃〜明治20年頃（c1871〜c1887）　画　像：鶏卵紙　51×82mm
『大日本東京寫眞名所一覧表』より。荏原神社は品川橋のすぐ隣に位置するようにある。橋の後ろに見える木々のある場所がまだ南品川だった頃の荏原神社だろうか。

祐天寺　本堂
撮影者：不詳
撮影年：明治4年頃〜明治20年頃
　　　（c1871〜c1887）
画　像：鶏卵紙　51×80mm
『大日本全国名所一覧寫眞帖』より。本堂には祐天上人と祐海上人の坐像が安置され、境内には徳川綱吉の養女竹姫が寄進した仁王門や阿弥陀堂、徳川家宣夫人の天英院が寄進した鐘楼や梵鐘などが残されている。

荏原神社
撮影者：不詳
撮影年：明治4年頃〜明治20年頃
　　　（c1871〜c1887）
画　像：鶏卵紙　53×83mm
『大日本東京寫眞名所一覧表』より。源氏、上杉氏、徳川氏と武家の信仰を受け続け、品川の総鎮守とされる。社殿は、弘化元年（1844）に再建されたもので、現存している。

品川硝子製作所
撮影者：不詳
撮影年：明治4年頃～明治20年頃
　　　　（c1871～c1887）
画　像：鶏卵紙　85×54mm

『大日本東京寫眞名所一覧表』より。明治6年（1873）、村井三四之助が三条実美の援助で興した「品川興業社」が始まりで、同9年に明治政府が買い上げ、「品川硝子製作所」となった。同18年に西村勝三と稲葉正邦に払い下げ民営化。のち、キリンビールの瓶の大量生産に成功したが、板ガラスの製造に失敗し、明治25年に解散した。

鮫洲の海岸
撮影者：不詳
撮影年：明治4年～明治14年
　　　　（1871～1881）
画　像：鶏卵紙　51×81mm

『大日本全国名所一覧寫眞帖』より。江戸湾沿いの漁業専業者の集落を江戸時代は漁師町と呼んだ。品川には南品川漁師町と鮫洲にあたる大井御林漁師町の2つの漁師町があった。船の帆柱の後ろが大井御林漁師町だろうか。

鈴ヶ森刑場の供養塔
撮影者：不詳
撮影年：明治4年～明治14年
　　　　（1871～1881）
画　像：鶏卵紙　51×83mm

『大日本全国名所一覧寫眞帖』より。慶安4年（1651）に開設された処刑場である。由比正雪の乱に加担した丸橋忠也、辻斬りの平井権八や放火の八百屋お七などが処刑されている。220年間に10万人以上もの人が処刑された。

荏原郡

池上本門寺　総門
撮影者：不詳
撮影年：明治4年～明治14年
　　　　（1871～1881）
画　像：鶏卵紙　51×82mm

『大日本全国名所一覧寫眞帖』より。この門は、元禄年間（1688～1704）に建立されたと伝わる。扁額の「本門寺」は寛永4年（1627）の本阿弥光悦の筆によるもので、奥の石段は此経難持坂（しきょうなんじざか）と呼ばれる。

池上本門寺　仁王門
撮影者：不詳
撮影年：明治4年～明治14年
　　　　（1871～1881）
画　像：鶏卵紙　52×83mm

『大日本全国名所一覧寫眞帖』より。一切を空と観ずる空解脱、一切に差別相のない事を観ずる無相解脱、願求の念を捨てる無願解脱を意味する三解脱門である。慶長13年（1608）に徳川秀忠によって建立された。

池上本門寺　大堂
撮影者：不詳
撮影年：明治4年頃～明治20年頃
　　　　（c1871～c1887）
画　像：鶏卵紙　52×83mm

『大日本東京寫眞名所一覧表』より。日蓮聖人の尊像が奉安されている祖師堂である。この建物は、享保8年（1723）に徳川吉宗が寄進し建立された時のもので、仁王門とともに昭和20年（1945）に戦災で焼失し、その後再建された。

池上本門寺　五重塔
撮影者：不詳
撮影年：明治4年～明治14年
　　　　（1871～1881）
画　像：鶏卵紙　51×82mm

『大日本全国名所一覧寫眞帖』より。この五重塔は、15歳の徳川秀忠の病気平癒のため乳母岡部の局が第12世日惺上人に祈願を託したところ、秀忠が快癒して将軍となったので、慶長12年（1607）にお礼にと建立したものである。

佐内橋より川崎宿の旅籠万年屋の眺め
撮影者：不詳　撮影年：明治4年頃〜明治20年頃（c1871〜c1887）
画　像：鶏卵紙　54×82mm

　『大日本東京寫眞名所一覧表』より。「六郷大橋」は、徳川家康が架けさせた橋である。貞享5年（1688）に洪水で流され「六郷の渡し」が設けられた。明治7年（1874）に鈴木佐内が私費で「佐内橋」という通行料をとる橋を架けた。写真の橋を渡った正面の戸の奥に中庭が見える店が万年屋である。駐日アメリカ領事ハリスもここに宿泊した。左の大きな2階建てが會津屋だろう。

六郷川橋梁（現在の大田区）
撮影者：不詳　撮影年：明治4年頃〜明治11年頃（c1871〜c1878）　画　像：鶏卵紙　54×82mm

　『大日本東京寫眞名所一覧表』より。明治4年（1871）に完成した、新橋ー横浜間をつなぐ鉄道橋である。写真は川崎側から撮ったもので、陸橋を加えると全長506mの鉄道橋になる。明治11年に鉄橋に架け替えられた。

第16章
東多摩郡

　明治11年（1878）に編成された15区と6郡のうちの1つの東多摩郡は、現在の中野区と杉並区の地域である。郡役所は中野に置かれた。東多摩郡には、堀之内妙法寺や新井薬師などの古い寺や神社がいくつかある。戦国時代に一度荒れ果ててしまったが、江戸時代になると徳川将軍家によって復興され、以前にも増して栄えた。明治時代も、東京の中心地から多くの人々が参詣し賑わっていた。

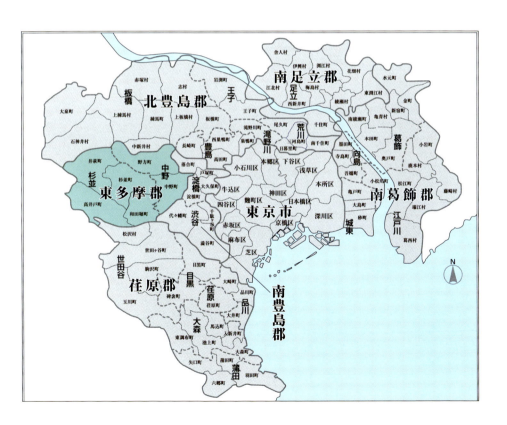

堀之内妙法寺　仁王門
撮影者：不詳　撮影年：明治4年〜明治14年（1871〜1881）
画　像：鶏卵紙　51×82mm

　『大日本全国名所一覧寫眞帖』より。写真は天明7年（1787）に再建された仁王門で、左右には4代将軍徳川家綱が妙法寺の地頭所である日吉山王社に寄進した金剛力士像が安置されている。

堀之内妙法寺　仁王門と祖師堂
撮影者：不詳　撮影年：明治4年頃〜明治20年頃（c1871〜c1887）
画　像：鶏卵紙　51×82mm

　『大日本東京寫眞名所一覧表』より。仁王門の正面が祖師堂。

東多摩郡

堀之内妙法寺　祖師堂
撮影者：不詳　撮影年：明治4年頃～明治20年頃（c1871～c1887）
画　像：鶏卵紙　53×83mm
『大日本東京寫眞名所一覧表』より。

堀之内妙法寺　祖師堂と鐘楼
撮影者：不詳
撮影年：明治4年頃～明治20年頃
　　　　（c1871～c1887）
画　像：鶏卵紙　54×86mm
　『大日本東京寫眞名所一覧表』より。
享保4年（1719）に鋳造されたと伝えられる鐘楼は、梵鐘に「鐘の苦は妙法の声、鐘を打てば仏とひとつになる」という意味の文字が刻印されている。

堀之内妙法寺　鉄門
撮影者：不詳
撮影年：明治4年～明治14年
　　　　（1871～1881）
画　像：鶏卵紙　51×82mm
　『大日本全国名所一覧寫眞帖』より。本堂の玄関口である大玄関の前にある門で、明治11年（1878）にコンドルが設計した和洋折衷を意識した門である。この写真ではわからないが中央に色鮮やかな鳳凰を抱いている。

229

新井薬師　梅照院
撮影者：不詳　撮影年：明治4年頃〜明治20年頃（c1871〜c1887）
画　像：鶏卵紙　51×81mm

　『大日本東京寫眞名所一覧表』より。鎌倉時代の武将新田家代々の守護仏であった薬師如来と如意輪観音の二仏一体の黄金仏が、この寺の本尊である。

新井薬師　梅照院の参道
撮影者：不詳　撮影年：明治4年頃〜明治20年頃（c1871〜c1887）
画　像：鶏卵紙　54×85mm

　『大日本東京寫眞名所一覧表』より。

第17章
北豊島郡

　北豊島郡は広域で現在の豊島区、北区、荒川区、板橋区、練馬区、さらに台東区の北部も含まれている。郡役所は下板橋宿（板橋町）に設置された。北豊島郡の王子を流れる石神井川は、8代将軍徳川吉宗によって桜や紅葉が植えられ音無川と名付けられた。明治時代の写真に写る、川沿いにある茶屋の佇まいや渓谷で楽しむ人々の様子は、それほど現在と変わってはいないのではないだろうか。

音無川の大堰前での水遊び

撮影者：不詳　撮影年：明治4年頃～明治20年頃（c1871～c1887）
画　像：鶏卵紙　93×144mm

　『大日本東京寫眞名所一覧表』より。享保5年（1720）、8代将軍徳川吉宗は、飛鳥山に1,000本の桜を植え、王子付近の石神井川にも桜を植えた。そして付近を音無川とした。桜に自然の滝や山水に恵まれた渓谷が続き、水遊びや涼み客、花見や紅葉狩りで賑わった。

音無川より料亭扇屋の眺め

撮影者：不詳
撮影年：明治4年～明治6年
　　　　（1871～1873）
画　像：鶏卵紙　51×83mm

　『大日本全国名所一覧寫眞帖』より。王子停車場から石神井川の上流の川沿いに茶屋や料亭が軒を連ねていた。

北豊島郡

音無川の松橋弁財天付近の茶屋
撮影者：不詳　撮影年：明治4年頃～明治20年頃（c1871～c1887）
画　像：鶏卵紙　53×82mm
『大日本東京寫眞名所一覧表』より。

料亭扇屋の入口
撮影者：不詳
撮影年：明治4年頃～明治20年頃
　　　　（c1871～c1887）
画　像：鶏卵紙　93×140mm
『大日本東京寫眞名所一覧表』よ
り。慶安元年（1648）に創業した
料亭扇屋である。初代弥左衛門は、
農業のかたわら掛茶屋を始め、そ
れが料理屋となった。開港後は、
外国人から習ったという釜焼玉子
が名物となる。

飛鳥山より製紙工場の眺め
撮影者:不詳　撮影年:明治4年〜明治14年（1871〜1881）
画　像:鶏卵紙　51×163mm

　『大日本全国名所一覧寫眞帖』より。写真右半分の左に見える橋は現在の王子桜橋付近にあったもので、そこに続く塀から中央に見える塀までが製紙会社、その奥が印刷局抄紙部であろう。

飛鳥山より王子市中と製紙会社の眺め
撮影者:不詳
撮影年:明治4年頃〜明治20年頃（c1871〜c1887）
画　像:鶏卵紙　93×139mm

　『大日本東京寫眞名所一覧表』より。写真手前は鉄道の線路。

停車中の蒸気機関車
撮影者:不詳
撮影年:明治4年頃〜明治20年頃
　　　（c1871〜c1887）
画　像:鶏卵紙　95×139mm

　『大日本東京寫眞名所一覧表』より。

北豊島郡

王子停車場か
撮影者：不詳
撮影年：明治4年頃〜明治20年頃
　　　　（c1871〜c1887）
画　像：鶏卵紙　53×81mm

『大日本東京寫眞名所一覧表』より。日本鉄道会社は、政府の鉄道建設の資金不足を補うため、岩倉具視が中心となって華族、士族の私財で明治14年（1881）に設立された私設鉄道会社である。明治16年に上野ー熊谷間の工事が完成した。

王子権現社　本社
撮影者：不詳
撮影年：明治4年〜明治14年（1871〜1881）
画　像：鶏卵紙　51×83mm

『大日本全国名所一覧寫眞帖』より。徳川家康が天正19年（1591）に将軍家の祈願所と定めた。以来、将軍家の崇敬を受け造営修繕を重ね、権現造りの秀麗な神社となった。明治元年（1868）には准勅祭社と定められ、東京の北方守護として鎮座した。昭和の戦災で焼失するが、その後に再建されている。

雑司ヶ谷　鬼子母神堂
撮影者：不詳　撮影年：明治4年〜明治14年（1871〜1881）　画　像：鶏卵紙　51×83mm
　『大日本全国名所一覧寫眞帖』より。江戸時代に代々将軍家より尊崇され、伽藍が整った。第二次世界大戦で全焼するが、その後再建されて今に至る。法明寺の飛地境内に祀られた鬼子母神像は、永禄4年（1561）に現在の目白台付近より発掘され、東陽坊に納められていたものである。

法明寺　仁王門
撮影者：不詳
撮影年：明治4年〜明治14年（1871〜1881）
画　像：鶏卵紙　51×82mm
　『大日本全国名所一覧寫眞帖』より。仁王門の運慶作の右側に金剛力士像、左には札で見えないが密迹力士像が置かれている。

北豊島郡

谷中　天王寺の五重塔
撮影者：不詳
撮影年：明治4年頃〜明治20年頃（c1871〜c1887）
画　像：鶏卵紙　85×54mm
　『大日本東京寫眞名所一覧表』より。五重塔は、寛永21年（1644）に建立。明和の大火で焼失し、寛政3年（1791）に再建された。昭和32年（1957）心中による放火で焼失した。

日暮里
撮影者：不詳　撮影年：明治4年〜明治14年（1871〜1881）　画　像：鶏卵紙　51×82mm

『大日本全国名所一覧寫眞帖』より。道灌山は上野から飛鳥山へと続く台地にあり、日暮里はその台地上に位置する。台地一体が大庭園で、四季折々の景色が楽しめた。人々が日が暮れるのを忘れるほどなので、「ひぐらしのさと」と書いて日暮里となった。

谷中　大円寺の瘡守稲荷
撮影者：不詳　撮影年：明治4年〜明治14年（1871〜1881）
画　像：鶏卵紙　51×83mm

『大日本全国名所一覧寫眞帖』より。大円寺は、大円院日梗上人により天正19年（1591）に神田に創建されたが、「八百屋お七の火事（1682）」で類焼し、上野寛永寺の清水坂付近へ移る。そして元禄大地震（1703）で焼失し、現在ある谷中に移った。

第18章
南足立郡

　南足立郡は現在の足立区である。南足立郡には隅田川が流れ、その付近には寺や神社、栄えた宿場や行楽地などの名所が多くある。隅田川に千住大橋が架けられたのは、徳川家康が江戸入りした4年後の文禄3年（1594）のことだ。隅田川最初の橋である。これによって、奥州方面の交通が格段と便利になり、千住は宿駅として設備も整えられ、宿場町としてめざましい発展をとげた。最盛期は人口約1万人、品川、新宿、板橋を含めた江戸4宿のなかで一番多かった。

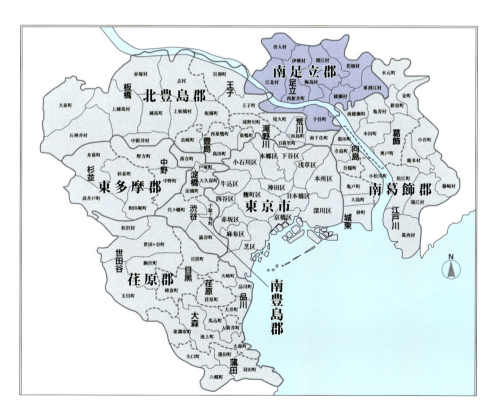

千住大橋
撮影者：不詳　撮影年：明治4年〜明治14年（1871〜1881）　画　像：鶏卵紙　52×82mm

『大日本全国名所一覧寫眞帖』より。文禄3年（1594）に隅田川に最初に架けられた橋である。最初は「大橋」と呼ばれていたが、万治2年（1659）に両国橋ができてからは「千住大橋」となる。明治18年（1885）に台風による洪水で流失するまでは、江戸300年を生き抜いた名橋と謳われた。写真の橋は、流失する前の橋である。

橋場の渡し
撮影者：不詳　撮影年：明治4年頃〜明治20年頃（c1871〜c1887）
画　像：鶏卵紙　55×85mm

『大日本東京寫眞名所一覧表』より。現在の白鬚橋付近にあった渡しで、隅田川の中で最も古い渡しだ。

南足立郡

西新井大師　山門
撮影者：不詳
撮影年：明治4年頃～明治20年頃
　　　　（c1871～c1887）
画　像：鶏卵紙　53×82mm

『大日本東京寫眞名所一覧表』より。寺は、天長3年（826）に弘法大師（空海）が創建した。慶安元年（1648）に幕府より寺領20石の寄進を受け、元文3年（1738）に徳川吉宗が鷹狩りの際に御膳所とし、以来、将軍家の御膳所とされた。江戸中期に建立の本堂は、昭和41年（1966）に焼失したが鉄筋コンクリート製で再建されている。

西新井大師　本堂
撮影者：不詳　撮影年：明治4年～明治14年（1871～1881）
画　像：鶏卵紙　51×81mm

『大日本全国名所一覧寫眞帖』より。

真崎稲荷神社と石浜神社の鳥居
撮影者：不詳
撮影年：明治4年頃～明治20年頃
　　　　（c1871～c1887）
画　像：鶏卵紙　95×137mm

『大日本東京寫眞名所一覧表』より。写真の中央に見えるのが、石浜神社の参道に続く鳥居で、左端に見えるのが真崎稲荷神社の鳥居だろうか。鳥居の正面には隅田川が流れ、南へ向えば「橋場の渡し」にたどり着く。

総寧寺か
撮影者：不詳　撮影年：明治4年〜明治14年（1871〜1881）　画　像：鶏卵紙　51×82mm
『大日本全国名所一覧寫眞帖』より。この写真は、「真間鴻ノ台」と書かれた写真の下に貼られていて、「同所興福寺」とある。中央に写る門は、現在よく似たものが総寧寺の伽藍として残っている。

釈迦如来（大仏）
撮影者：不詳
撮影年：明治4年〜明治14年
　　　　（1871〜1881）
画　像：鶏卵紙　54×85mm

『大日本全国名所一覧寫眞帖』より。この写真はなぜ「南足立郡之部」にあるのか不詳であるが、小石川区で紹介した護国寺に現在もある大仏と思われる。写真の大仏には台座がないが、置かれている石台は現在のものと同じだ。

江戸川の眺め
撮影者：不詳
撮影年：明治4年〜明治14年
　　　　（1871〜1881）
画　像：鶏卵紙　51×81mm

『大日本全国名所一覧寫眞帖』より。この写真がなぜ南足立郡の中にあるのかは不詳であるが、どこか情緒があるきれいな写真だ。写真の台紙には、「真間鴻ノ台」とあるが、右遠方に南足立郡が写っているのか。

南葛飾郡

第19章
南葛飾郡

　南葛飾郡は、西は隅田川、南は北十間川、北は綾瀬川、東は中川と四方を河川で囲まれた地域である。隅田川沿いの「墨堤」と呼ばれる土手に桜が植えられ、渡し船からや歩いての花見で賑わった。また、この地域は江戸時代には水田が多く、古くからの神社や寺の付近に料亭があったが、明治になるとその水田を埋め立てて支店を出し、政治家や歌舞伎役者などに利用され繁栄した。北十間川と曳舟川が合流する場所は、現在の東京スカイツリーのすぐ西側になる。

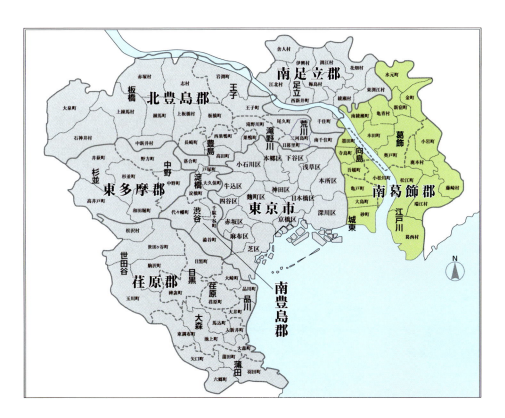

隅田川を背に枕橋と左に割烹料理屋「八百松」、右に枕橋の渡し
撮影者：不詳　撮影年：明治4年～明治14年（1871～1881）　画像：鶏卵紙　51×82mm
『大日本全国名所一覧寫眞帖』より。「山の宿の渡し」とも呼ばれるこの渡し場は、隅田川に架かる吾妻橋（大川橋）より250mほど上流にあった。

枕橋の渡しより見た浅草寺五重塔
撮影者：不詳
撮影年：明治4年頃～明治20年頃
　　　　（c1871～c1887）
画像：鶏卵紙　53×83mm

『大日本東京寫眞名所一覧寫眞帖』より。枕橋は寛文2年（1662）に関東郡代の伊奈半十郎によって源森川（北十間川）の河口に架けられた橋である。

割烹料理屋「八百松」
撮影者：不詳
撮影年：明治4年～明治14年
　　　　（1871～1881）
画像：鶏卵紙　51×82mm

『大日本全国名所一覧寫眞帖』より。小山松五郎は、幕末頃に木母寺のわきに「東屋」という料理店を開き、後、水神社の南側に移り「八百松」と改めた。枕橋のそばにも支店を出し、勝海舟など政財界の著名人や文人もこの店に通ったようだ。

南葛飾郡

山谷堀の舟宿「竹屋」前付近より三囲神社の大鳥居を眺める竹屋の渡し
撮影者：不詳　撮影年：明治4年頃〜明治20年頃（c1871〜c1887）　画像：鶏卵紙　53×83mm
『大日本東京寫眞名所一覧表』より。竹屋の渡しは、大鳥居前とそこより少し左（上流）にも渡し場があるようだ。

枕橋と「八百松」
撮影者：不詳
撮影年：明治4年頃〜明治20年頃
　　　（c1871〜c1887）
画像：鶏卵紙　94×140mm
　『大日本東京寫眞名所一覧寫眞帖』より。

墨堤より三囲神社の大鳥居と参道
撮影者：不詳
撮影年：明治4年頃〜明治20年頃
　　　（c1871〜c1887）
画像：鶏卵紙　53×81mm
　『大日本東京寫眞名所一覧表』より。もとは「田中稲荷」と呼ばれたが、僧・源慶が改築し、「三囲稲荷神社」とされた。その後、豪商三井家が享保8年（1723）に社地を広げ社殿を造営した。明治6年（1873）に「三囲神社」と改称される。

墨堤下の三囲神社の大鳥居側面
撮影者：不詳
撮影年：明治4年頃〜明治20年頃
　　　　（c1871〜c1887）
画　像：鶏卵紙　196×241mm
『大日本東京寫眞名所一覧表』より。左に「川魚玉屋」の旗看板としじみ汁の料理屋がある。

常夜灯と人力車
撮影者：不詳
撮影年：明治4年頃〜明治20年頃
　　　　（c1871〜c1887）
画　像：鶏卵紙　93×140mm
『大日本東京寫眞名所一覧表』より。

「有明楼」付近より向島の眺め
撮影者：不詳
撮影年：明治4年頃〜明治20年頃
　　　　（c1871〜c1887）
画　像：鶏卵紙　93×135mm
『大日本東京寫眞名所一覧表』より。船の屋根の上に見える対岸は、牛嶋神社や長命寺がある辺りである。左から2人目が有明楼の女将お菊。

牛嶋神社　拝殿
撮影者：不詳
撮影年：明治4年〜明治14年
　　　　（1871〜1881）
画　像：鶏卵紙　51×82mm
『大日本全国名所一覧寫眞帖』より。神社は、貞観年間（859〜877）頃に慈覚大師が建立したという。拝殿前の左右に置かれた撫牛は、文政8年（1825）頃に奉納された石像である。

南葛飾郡

隅田川より牛嶋神社付近墨堤
撮影者：不詳
撮影年：明治4年～明治14年
　　　　（1871～1881）
画　像：鶏卵紙　52×83mm
　『大日本全国名所一覧寫眞帖』より。右側の大きな茂みの右に牛嶋神社の屋根、その茂みの左にある細長い茶屋が桜もちの「山本屋」、そのすぐ左に長命寺の門の屋根が見える。

長命寺　本堂
撮影者：不詳
撮影年：明治4年頃～明治20年頃
　　　　（c1871～c1887）
画　像：鶏卵紙　53×79mm
　『大日本東京寫眞名所一覧表』より。3代将軍徳川家光が鷹狩りの折に病気になり境内の井戸水で薬を飲んだところ快癒し、家光は井戸水を長命水と命名した。そこで寺号を長命寺と改めた。

言問団子の言問亭
撮影者：不詳
撮影年：明治4年頃～明治20年頃
　　　　（c1871～c1887）
画　像：鶏卵紙　53×82mm
　『大日本東京寫眞名所一覧表』より。明治2年（1869）、外山佐吉が墨堤に団子屋を開業した。売れないので店名を歌人在原業平の和歌から「言問団子」と名付けた。名は評判を集め、団子は墨堤の名物となった。

長命寺付近の寿司屋の屋台
撮影者：不詳
撮影年：明治4年頃～明治20年頃
　　　　（c1871～c1887）
画　像：鶏卵紙　52×83mm
　『大日本東京寫眞名所一覧表』より。墨堤は三囲神社方面から隅田川沿いに北にのび、長命寺の北側で右に折れ寺の境内添いに東へ向かい、水田を挟んで隅田川と並行に北へ続く。その隅田川側を堤外と呼んだ。

小梅曳舟通

撮影者：不詳
撮影年：明治4年〜明治14年
　　　　（1871〜1881）
画　像：鶏卵紙　82×51mm

『大日本全国名所一覧寫眞帖』より。右上に伸びる細い川が曳舟川で、手前を横に流れるのが北十間川。橋の左上が小梅東町でその遠方が小梅村になる。現在の東京スカイツリー西側の当時の様子である。

長命寺より隅田川の眺め

撮影者：不詳
撮影年：明治4年頃〜明治20年頃
　　　　（c1871〜c1887）
画　像：鶏卵紙　54×85mm

『大日本東京寫眞名所一覧表』より。側の供養塔が置かれている場所は、言問亭の裏手になる。その後ろに見えるのが料理屋「中の植半」の一角である。

墨堤より「中の植半」の眺め

撮影者：不詳
撮影年：明治4年頃〜明治20年頃
　　　　（c1871〜c1887）
画　像：鶏卵紙　54×85mm

『大日本東京寫眞名所一覧表』より。木母寺の境内にあった料理屋「植半」本店は「奥の植半」、堤外の支店は「中の植半」と呼ばれるようになる。名物は芋としじみと卵焼きの料理だった。

南葛飾郡

百花園の門
撮影者：不詳
撮影年：明治4年頃～明治20年頃
　　　　（c1871～c1887）
画　像：鶏卵紙　52×84mm

『大日本東京寫眞名所一覧表』より。骨董商の佐原鞠塢が、文化元年（1804）に開園した。文人墨客の集いの場となり、また、庶民にも親しまれた。東京大空襲で全焼するが、その後に「百花園」として復興する。

水神社（隅田川神社）
撮影者：不詳
撮影年：明治4年頃～明治20年頃
　　　　（c1871～c1887）
画　像：鶏卵紙　54×85mm

『大日本東京寫眞名所一覧表』より。水神社は、源頼朝が治承4年（1180）の挙兵時に、社殿を造営したと伝わる。社殿の西側に隅田川が流れ、隅田川沿いにも鳥居があった。明治5年（1872）に隅田川神社と改称された。

水神社（隅田川神社）の眺め
撮影者：不詳
撮影年：明治4年～明治14年
　　　　（1871～1881）
画　像：鶏卵紙　51×82mm

『大日本全国名所一覧寫眞帖』より。料理屋「八百松」の本店の庭より水神社（隅田川神社）の鳥居の眺め。

白鬚神社の鳥居と拝殿
撮影者：不詳
撮影年：明治4年～明治14年
　　　　（1871～1881）
画　像：鶏卵紙　50×82mm

『大日本全国名所一覧寫眞帖』より。江戸末期、百花園に集っていた文人墨客たちが始めた隅田川の東岸の七福神詣の中に白鬚大明神はあった。境内には、料亭山谷の八百善、新吉原の松葉屋が文化12年（1815）に奉納した狛犬が置かれている。

梅若神社の鳥居と拝殿
撮影者：不詳　撮影年：明治4年〜明治14年（1871〜1881）　画 像：鶏卵紙　51×81mm

『大日本全国名所一覧写眞帖』より。梅若丸は京都の吉田少将惟房の子で、父の死後、人買いにさらわれて関屋の里で病死したという伝説の少年である。梅若塚は、僧忠円が貞元元年（976）にその死を悼み塚を築いたのが起源である。その後、太田道灌が塚を改修し、梅若寺を建てた。慶長12年（1607）、梅若寺を木母寺と改名。江戸時代、将軍や大名が訪れ、梅若丸伝説は絵巻や歌舞伎の演目となり、多くの人が参拝した。

梅若神社の境内
撮影者：不詳
撮影年：明治4年頃〜明治20年頃
　　　　（c1871〜c1887）
　　　　画 像：鶏卵紙　54×82mm

『大日本東京寫眞名所一覧表』より。写真は梅若神社の頃に撮影されたもので、明治21年（1888）に、木母寺は復興され梅若神社は梅若堂となる。

綾瀬川河口「鐘ヶ淵」の眺め
撮影者：不詳
撮影年：明治4年〜明治14年（1871〜1881）
　　　　画 像：鶏卵紙　51×82mm

『大日本全国名所一覧寫眞帖』より。隅田川と交わる綾瀬川の河口付近は、寺の鐘が沈んでいるといういくつかの伝説があって「鐘ヶ淵」と呼ばれた。そこから中洲越しに隅田川の対岸の遠景だろうか。

南葛飾郡

堀切の花菖蒲田
撮影者：不詳　撮影年：1880年代　画　像：鶏卵紙に手彩色
　堀切の花菖蒲は室町時代から栽培された。江戸の頃、多くの新種が出て、花の名所となった。花を愛で掛茶屋で憩うのが楽しみのひとつであった。

堀切の菖蒲園
撮影者：不詳
撮影年：明治4年～明治14年（1871～1881）
画　像：鶏卵紙　51×83mm
　『大日本全国名所一覧寫眞帖』より。広重や春信の浮世絵にも登場した堀切の菖蒲園は、室町時代頃からあったという。明治時代には小高園、武蔵園、吉野園、堀切園、観花園など多くの菖蒲園があったが現在は堀切園を改称した堀切菖蒲園のみとなっている。

秋葉神社の境内
撮影者：不詳
撮影年：明治4年～明治14年（1871～1881）
画　像：鶏卵紙　51×82mm
　『大日本全国名所一覧寫眞帖』より。正応2年（1289）に創建。元禄15年（1702）に千葉葉栄が、満願寺の社殿を造営し秋葉稲荷合社とした。境内は紅葉の名所で、門前には鯉料理の店があった。明治元年（1868）の神仏分離令で満願寺は廃され、秋葉神社と改称された。

日本カメラ財団小史
明治150年を記念して

田村昌彦（一般財団法人 日本カメラ財団　文化部部長）

古写真とカメラを通して

　平成30年（2018）は江戸から明治と改元された明治元年（1868）から起算して、150年にあたりました。政府はこれを記念してさまざまな行事を催し、「明治150年」関連施策の基本的な考え方として次の二つを挙げました。

　　1．明治以降の歩みを次世代に遺す施策
　　2．明治の精神に学び、更に飛躍する国へ向けた施策

　1．に関しては、「近代化の歩みが記録された歴史的遺産を再認識し、後世に遺すとともに、次世代にこれからの日本の在り方を考えてもらう契機となる施策を推進する。例えば、明治期に関する文書、写真等の資料の収集、整理、デジタル・アーカイブ化の推進が考えられる」。

　2．に関しては、「明治期の若者や女性、外国人などの活躍を改めて評価するとともに、当時の技術や文化に触れる機会を充実させることで、日本の強みを再認識し、今後の更なる発展を目指すきっかけとなる施策を推進する。例えば、明治にゆかりのある建築物の公開や、明治期の絵画・工芸品に関する美術展の開催など、当時の技術や文化に関する遺産に触れる機会を充実することが考えられる」。

　このような政府の「明治150年関連施策の推進」に賛同し、当財団としては、古写真とカメラを通してこの記念すべき計画に進んで参加しようと真っ先に手をあげました。

日本の近代化に尽力した『明治を築いた人々』

　古写真展の第1弾は平成30年（2018）2月から『明治を築いた人々』というタイトルで、全国でも早く開催することができました。明治維新で日本の近代化に尽力した人たち約140名の肖像写真を展示しました。

　一部を紹介しますと、明治天皇と昭憲皇太后をはじめ、明治4年（1871）アメリカ合衆国やヨーロッパ諸国へ派遣された岩倉使節団一行の肖像写真。興味深いのは

明治 150 年を記念して

『明治を築いた人々』表紙

　同じ時期、田安徳川家の家老の家に生まれた平岡熙(ひらおかひろし)です。15 歳でアメリカへ自費留学した平岡熙は、ボストンの機関車製造所で働き、会社のベースボールの選手となり、帰国後新橋鉄道局内に野球チームを結成し、後に、日本プロ野球の殿堂入り第一号となりました。また、日本ではあまり知られていませんでしたが、長沢鼎(ながさわかなえ)は 13 歳で薩摩藩の英国密航留学した後、そのまま渡米し、カリフォルニアでワイン醸造を学び、アメリカ永住を決断、カリフォルニアのワイン王などと呼ばれ、昭和 58 年（1983）にレーガンアメリカ大統領が来日した際に、演説の中で日米交流の祖として長沢の名を挙げたことで知られるようになった人です。

　珍しいものでは「徳川慶喜公一代アルバム」の 33 枚の写の中から 23 枚を展示しました。

　この写真展を通して明治期に未来の日本をより豊かにするために尽力をした人たちの目の輝きや気迫が 150 年経った今でも、ひしひしと伝わってくるような展覧会になったと思います。

技術史から見た写真とカメラの夜明け

　平成 30 年（2018）3 月からは『明治 150 年カメラの夜明け』（254 ページ参照）というタイトルで日本カメラ博物館において特別展を開催しました。

　幕末から明治の日本は、各国の写真器材や技術に学び、努力と苦労を重ねながら写真産業の基礎を構築してきました。明治初期に、職業写真師など一部の者だけが携わっていた写真は、明治中期には愛好家へと普及していきました。

『明治150年カメラの夜明け』表紙

『明治150年カメラの夜明け』
裏表紙

　この展覧会では、技術史から見て写真とカメラの夜明けだった明治時代に、日本と世界でどのようなカメラが発展してきたのか、そして、どのように普及していったのかを展示紹介しました。

　平成30年（2018）8月には『建物にみる江戸東京』（255ページ参照）というタイトルで江戸時代から明治にかけての建物の写真展を開催しました。2月に開催しました写真展では明治政府などで活躍をした人物を紹介しましたが、今回は明治天皇が居住した皇城をはじめ、明治政府が太政官のもとに置いた各省や、その関連機関など、明治を築いた人々が活躍した場所を主に展示しました。

　徳川幕府崩壊後に、明治政府は、接収した大名屋敷に政府の国家機関を置きました。その後外国人の建築家を雇い、また彼らから学んだ日本人の建築家に設計をさせて、大名屋敷を次々と西洋建築に建て替えました。それが政府の目指す近代国家の象徴であるかのように思えます。

　以上、日本カメラ財団の施設での『明治を築いた人々』、『明治150年カメラの夜明け』、『建物にみる江戸東京』展示は、政府の「明治150年」関連施策に適応したイベントであったと自負しています。

　当財団は以上3つのイベントを開催し「明治150年」行事に貢献・尽力したということで、平成30年（2018）10月23日に憲政記念館で開かれた「明治150年記念式典」に招待されました。

明治150年を記念して

『建物にみる江戸東京』表紙

明治150年記念式典会場

　安倍内閣総理大臣、衆・参両院議長、最高裁判所長官等が参列され厳かに執り行われました。
　安倍総理の式辞の中で、若い世代の方々には、是非とも、この機会に、我が国の近代化に向けて生じた出来事、人々の息遣いに触れ、光と影、様々な側面を貴重な経験として学びとって欲しいとありましたが、当財団の3回の展示には、若い方たちも多数訪れていただき目的を果たすことができました。

◆執筆者紹介
井上光郎（写真史家）
谷野　啓（一般財団法人 日本カメラ財団　常務理事）
田村昌彦（一般財団法人 日本カメラ財団　文化部部長）
井桜直美（日本カメラ博物館古写真研究員）
塚越俊志（東洋大学非常勤講師）

◆装丁
グラフ（新保恵一郎）

◆地図
オフ（布施栄吉）

◆編集協力
株式会社リゲル社・美濃部苑子・小野寺由紀子

秘蔵古写真　江戸

2019年8月20日　第1版第1刷印刷　　2019年8月30日　第1版第1刷発行

監　修　日本カメラ博物館
発行者　野澤伸平
発行所　株式会社 山川出版社
　　　　〒101-0047　東京都千代田区内神田1-13-13
　　　　電話　03(3293)8131（営業）　03(3293)1802（編集）
　　　　https://www.yamakawa.co.jp/
　　　　振替　00120-9-43993
編　集　山川図書出版株式会社
印刷所　半七写真印刷工業株式会社
製本所　牧製本印刷株式会社

© 日本カメラ博物館 2019　Printed in Japan　　ISBN978-4-634-15151-2
・造本には十分注意しておりますが、万一、落丁・乱丁などがございましたら、
　小社営業部宛にお送りください。送料小社負担にてお取り替えいたします。
・定価はカバー・帯に表示してあります。